貧しく辛《つら》いさきに真理がある

本当の禅的生き方

臨済宗大徳寺派香林院住職
金嶽宗信
Soushin Kanetake

さくら舎

はじめに

私の好きな作家、武者小路実篤《むしゃのこうじさねあつ》さんは、

尊敬すべき幸福な人は、
逆境にいても、つまらぬことはくよくよせず
心配しても始まらないことは心配せず、
自分の力のないことは天に任せて、
自分の心がけをよくし、
根本から再生の
努力をする人である。

と記しています。

ですから私は、本を書くことは、精一杯の自分磨きになると信じて文章に臨《のぞ》んでいます。

リンカーンは、

「木を切り倒すのに、六時間もらえるなら、私は最初の四時間を斧《おの》を研《と》ぐことに費《つい》やしたい」といっています。


この本は、禅の言葉からその言霊《ことだま》の厳しさを探《さぐ》るということで書いております。どこまで禅の本質に迫ることができたかは、読者の皆様に、ご判断をあおぐしかないのですが、現在自分の持ち合わせた知識や経験をできる限りつめ込んだつもりです。もし薄っぺらだと思われたなら、それは私の力量不足としかいいようがありません。ですが私も、僧侶になって四十年以上経ちました。

京都の大徳寺で小僧生活を十年、雲水修行も十年、広尾の大徳寺派香林院へ入って二十年、さらに参ぜよと、また本の執筆がある。それが本書です。

私は幸福者だと思います。このような機会がいただけること、だからこそ心を込めて、ご縁を大切にしたい、決して力があるとは思わないけれど、自分のできる限りを示すのが、私の僧侶としての務《つと》めだと思っています。

浅学非才《せんがくひさい》の未熟者です。足りないところなど、ご叱正《しっせい》いただければ幸いです。

また、さくら舎の古屋社長、編集担当の岩越さんには、大変お世話になりました。この場をお借りし深く御礼申し上げます。

少しでも人様の一助となれることを願いながら。よろしくお願いいたします。

平成二十九年秋彼岸

金嶽宗信《かねたけそうしん》

目次

第2章　煩悩だらけの自分に気づく

第3章　ひたすら独りで歩む

第4章　生涯、未熟を思い知る

貧しく辛《つら》いさきに真理がある

——本当の禅的生き方

第1章　苦しみのなかから

不自由だからこそ感じる幸せ

知足《ちそく》――私が小僧生活を送った大徳寺大仙院《だいとくじだいせんいん》には、日本最古のつくばいというものがありました。つくばいとは、「つくばうこと」。つくばうとは、しゃがんだり、うずくまることをいいます。

要は、庭の縁側のそばにおく手水鉢《ちょうずばち》。茶会などの折には、手や口をすすぎ神聖なる茶席に向かう前段階として使用するものです。

大仙院のものは、溝のある自然石で、よくある加工されたものではありません。この石を見て、かの千利休はつくばいの発想を得たということです。

現在、茶室などで使用されるものは、石を削《けず》って造《つく》ったものが多く見られます。

京都の名庭で知られる龍安寺《りょうあんじ》には、「吾《わ》れ唯《ただ》、足るを知る」の語が彫《ほ》られたつくばいがあります。

言葉遊びのようになっていて、中央に口の形（ここに水が入る）があり、上に五、右に隹、下に止、左に矢の字が彫りこまれています。口を中心に「吾、唯、足、知」と読めるようになっており、なかなか考えられていると私も感心したものです。

さて冒頭の「**知足**」ですが、多くの仏教文献に登場する言葉です。インドの古い経典『法句経《ほっくきょう》』というのがありますが、このお経は一般的にイメージするお経とはかなり違います。生活訓のようなもので、しかも詩のような形をとっています。

ですから、難しくなくなじみやすいともいえると思います。

そのなかに、

わづらひなきは第一の利
足るを知ることは第一の富
信頼を持つは第一の親族
涅槃《ねはん》こそは安楽である

と書かれています。

「わづらひなき」とは、元気で健康であるということで、これに勝る利はありません。「足るを知る」は、己の分を知るということ。人間は、必ず幸福を求めます。自ら不幸を求める人はいません。

幸福とは何かを考えたとき、たぶん自分の欲に対しての充足度で幸せを感じると思うのです。この欲を少なくする。これを少欲といいますが、少欲になり足るを知れば、幸福の世界が広がる。


たとえば私が、修行中に感じたことがあります。道場には、冷暖房設備はありません。当然、夏は暑く冬は寒い。まして場所は、京都です。盆地ですから、なかなか厳しい土地柄でした。だから修行に適しているといわれてしまえば、元も子もないのですが……。

というわけで、ある年、猛暑の中、休息日ということで、あるお寺へうかがいました。するとそこの奥さんが、クーラーのある部屋に案内してくれたのです。

私は、この部屋に入った途端、全身が幸福感に満たされたのです。〝涼しい！〟

ただ、それだけのことです。しかし改めて思ったのです。

たぶん、世間の人にはこの幸福感はわからないだろうなと。当たり前と思えば、幸せを感じることはありません。不自由だから、ちょっとした自由に幸せを感じる。欲を減らすと、幸せの世界が広がることを確信したのです。

私も現在、修行生活から世間に出ての活動になりました。だから自由は、いくらでもあります。

欲を満たそうとすれば、切りがありません。そこで、「足るを知る」という言葉で、リセットするのです。

寺にいると、たくさんの方々とお話をする機会があります。なかには、何億円の資産をお持ちの方もいます。世間から見ればうらやましい限りです。

でも彼は、常におびえていました。資産を減らすことに、そして今の地位に。彼もそんな想いをするために、今までがむしゃらに働いてきたわけではないでしょう。彼は、お金があれば幸せになれると思っていた。しかし、人間は、そんなに単純なものではないのです。

東日本大震災の後、被災した福島の方が今日、一杯のご飯が食べられたことに涙する姿が、テレビニュースの映像で流れていました。

何億ものお金を持ちながら不幸を感じている人がいる一方、一杯のご飯に幸せを感じている人がいる。

どんな境遇においても、心の持ち方が、幸せを決めるのです。仏教の求めるものは、「安心《あんじん》」といいます。安らかな心、これこそが究極の幸せです。

人間が求められる絶対の真実がここにあります。

外の物、土地、お金、名誉が幸せでは、決してないのです。外ではなく、内、自分の心の中に幸せを感じるという根本がある。それを知る重要な要素が「足るを知る」ということです。

落語は貧乏を楽しい貧乏に変える

万法帰一《まんぼうきいっ》――「万法」とは、すべての存在ということです。それが一つに帰るとは、その物を見たり聞いたり感じたりするのは、すべて自分自身だけなのだということです。集約しているものは、自分以外にはないと。

われわれは、ふだん、こんなことをいちいち考えて生きていません。しかしこれは、事実です。自分が感じたものは、他人にそのまま伝わるということはないのです。ですから、自分の感じたものに対しては、自分自身でどう反応するか。そこにかかってくる。

落語家で「昭和の名人」といわれた五代目古今亭志《ここんていし》ん生《しょう》と六代目三遊亭圓生《さんゆうていえんしょう》の若かりし

頃の体験談があります。

戦時中、二人は関東軍の慰問で中国へ渡っていた。ところが敗戦となり、大連《たいれん》で置き去りにされ、さらにソ連軍の侵攻と同時に大連は封鎖されてしまったのです。

命からがら逃げまどい、食うや食わずの放浪、そしてやっとたどり着いたのは、教会でした。

シスターたちが戦争難民のために、炊き出しの奉仕活動をしているところにたどり着いたのです。しかしそのシスターたちも、本部からは退去命令が出ていたため、難民を見捨ててこの地を去らなければという状況におちいっていました。

そこに現れた志ん生さんと圓生さんは、「自分たちは噺家《はなしか》だ」とシスターに説明します。しかし彼女たちはそれを理解できません。

「生きることは苦しみそのもの。苦しみや悲しみは放っておいても生まれてくるのです」とシスター。

そこで「あなたたちの教えには笑いが入っていないのかい?」と圓生さんが聞くと、

「もともと笑いなんてこの世には備わっていませんといわれてしまうのです。

その言葉に対し、圓生さんは、

「この世にないならつくるんだよ。俺たちは笑いをつくる仕事をしているんだ」と。

シスターは不思議そうな顔をして、

「笑いをつくり出してどうするのですか？」と聞きます。

二人は答えます。

「落語はね、貧乏を楽しい貧乏に変えちゃうんだ。悲しみを素敵な悲しさに変えちゃうんだ」と圓生さん。

「俺なんか葬式でも洒落《しゃれ》を言っちゃうよ。薄化粧している色っぽい後家さんを見て、『後家さんもいいもんだな。うちの女房も早いとこ後家さんにしよう』とかね」と志ん生さん。

そこから落語のネタを披露《ひろう》し、これまで冷めきっていたシスターたちを爆笑のウズに巻き込んだというのです。

すると、彼女たちの心の中に、勇気と希望が湧《わ》き出したといいます。

そして「ここに残り、最後の一人まで難民を助けましょう！」となったのです。

ある芸人さんに聞いたことがあります。

「人様から笑われる存在ではなく、人様を笑わせるのだ」と。自分の発信するものを、人はどう感じてくれるか。

お国は変わってアメリカのコネチカット州に、アレックスちゃんという少女がいました。一歳のときに、小児ガンがみつかりました。

彼女は、四歳である決断をします。自分と同じようにガンで苦しむ子どもたち、満足に治療を受けられない子どもたちのために、お金を集めて救おうと。

両親は、これを聞いて反対しました。病気を考えれば当然でしょう。しかし彼女の決意は固く、家族を説得し家の庭に小さなレモネード屋さん「アレックス・レモネード・スタンド」を開いたのです。

一杯五十セントでレモネードを売り、そのお金をガン治療の研究とガン患者の子どもたちのために寄付しはじめました。これをフィラデルフィアに越してからも、四年間続けたのです。

自分の病気を悪化させるおそれを押して、ガン患者のためにがんばる幼い姿に、人々は共感しました。

そして地域の子供たち、学校、善意ある企業へと広がった。その活動は、ついに全米五十州にわたり、売り上げも約七十万ドル（八千万円）にまでなったのです。

そんななかアレックスちゃんは、二〇〇四年に八歳という生涯をとじました。

しかしその後もこの活動は続けられ、毎年六月十二日は「全米レモネード・デー」として、各地で出店されているそうです。

重篤《じゅうとく》な病に侵《おか》され、沈んだ気持ちで一生を終えるも人生、アレックスちゃんのように生きるも人生。

自分が悲しみのなかにあるとき、それを笑いに変えるのも一つの生き方です。

「**万法帰一**」とは、それぞれの人が自分の受け取ったものに対して、どうアクションしていくか、どう生きるか。その人それぞれにかかってくることだと、改めて教えてくれる言葉です。

好まない仕事にも全力で臨む

随処《ずいしょ》に主《しゅ》と作《な》る――この一文には、さらに「**立処皆真《りっしょみなしん》なり**」の言葉が続きます。

『臨済録』という本に出てくる語ですが、「随処」とは、あらゆる場面、「立処」とは今まさに自分のいる場所です。どのような地位や環境にあっても、自分が主体性を持って臨《のぞ》んでいれば、どのような場面でもそこは、すべて真実の世界になるというのです。

自分は経営者じゃないから関係ない、そう思って仕事をしていれば、その人の人生はつまらないものになってしまいます。

つまらないこだわり、雑念を消すことができれば、本来の力も発揮できますし、そうなれば自分の人生も謳歌《おうか》できるでしょう。

豊臣秀吉の逸話にこんな話があります。

ある者が秀吉に質問します。

「太閤様は、大変なご出世をなされて、さぞかしお若い頃から人とは違ったお心がけがあったのでしょう。いったいどのようなお心がけがあれば、太閤様のようになれるのでしょう」

すると秀吉は、こう答えました。

「わしは太閤になろうなどと思ったことは、過去一度もない。ただ足軽のときは、一心によろこんで足軽の務《つと》めをはたしただけだ。するといつのまにやら士分（武士）になった。士分になったときには、またよろこんで一心に士分の務めをはたしたのだ。するといつのまにやら大名になった。大名になったからには、ますます励《はげ》んで大名の務めを一心にした。

そうしたらいつのまにやら天下を取るようになり、太閤にまでなってしまったわけだ。だから一度も太閤になろうなどと心がけたことはない」

とても興味深い話だと思います。秀吉は若い頃、信長の草履《ぞうり》取りをしてフトコロに草履を入れ、温めて出したというのは、有名な話です。それが縁で出世したともいわれています。

しかしだれが、草履取りなどという仕事を楽しいと思うでしょうか。秀吉だって同じだったはずです。

しかし秀吉は、そこで自分のできる仕事を考えた。だから他の者にない出世をとげたのです。

会社に入って、「これは自分のやりたかったことではない」という人がいます。しかし、最初から自分の希望する仕事につける人がどれだけいるでしょう。

私も雲水《うんすい》（修行僧）になったとき、畑にまく「肥《こえ》くみ」をやらされました。今の人には「肥くみ」といってもわからないかもしれませんが、桶《おけ》に入れた人糞《じんぷん》を肥料として畑にまくのです。当然、臭い、汚い、重たい仕事です。

私は、坊さんになろうと思って出家した。なんでこんなことをしなければいけないのか大学まで出て……などと思ったものでした。

しかし、しばらくしてこういうことが修行なんだと思えるようになりました。

坊さんは、坐禅だけしていればいいわけじゃない。掃除も雑務もすべて修行なんだとも。ここで何がいいたいのかといえば、どのような仕事であっても、好むもの好まないもの両方が必ずあるということです。

好むものだけやって成り立つものは、一つもないということです。好まないものまでやって認められ、やっと好むものまで手がとどく。そういう想いで、私は修行生活を乗り切ったのです。

そしてその時代に、この言葉も知りました。まさにそのとおりと、得心《とくしん》したのです。

今与えられた仕事に、全力で臨む。するとそこに楽しみが生まれてくる。やらされるのではなく、自らやる。こういう精神状態でものごとに臨むと、同じ仕事でもまったく違うものになるのです。

これは自分にとっての大発見でした。このことに気づいたのは、いやだと思う仕事に出会うことができたからなのです。

好きなことは、初めからほっといても楽しくできる。今までの人生（学生時代）には、きらいなことはさけて、ごまかしごまかしどうにかやっていました。

しかし、修行や仕事にあってはそれが許されません。だから気づくことができたのだと思います。

人生、生きていればさけられない苦痛を味わうときが、きっとあります。そこでどうするか？

「随処に主と作れば、立処皆真なり」は、嘘《うそ》ではありません。

逃げずに立ち向かえば、間違いなくこの言葉の真意がわかります。

自分の主人公は、自分自身です。社長は社長の、部長は部長、係長は係長、一般社員は一般社員の自分のなすべき仕事、そこを極《きわ》めていくなかで、進化、発展が生まれます。

自分の立ち位置でできること、そこに邁進《まいしん》していけば、必ず明るい明日が来るのです。

睡眠欲、食欲、性欲を忘れる

「薬石《やくせき》、効なく……」

聞いたことのある言葉ではないかと思います。お葬式の後、喪主《もしゅ》さんあるいは親族代表、葬儀委員長などが使う常套句《じょうとうく》です。

懸命《けんめい》に手を尽くし看護をしたけれども、残念ながら亡くなってしまった。そこには家族の苦労に対してねぎらうという要素も含まれているでしょう。

一般にはこのように使われる「薬石」の語ですが……。われわれ僧侶のなかでは、夕食を意味する言葉として広く知られています。

修行を完成（悟りを開くこと）させるため、その間の飢えや身体《からだ》の冷えをしのぐため、温めた石を腹にあてたところから生まれた言葉です。

「薬となる石」。

きれいなネーミングです。しかしそこには、食に対する僧侶の厳しい姿勢がうかがえます。

実際に経験してみるとわかるのですが、肉も魚も食べない修行中は、どうしてもカロリーが不足してしまいます。冷暖房もありません。寒い季節は、冷えて冷えてたまりません。

食欲を、一つの欲としてとらえている仏教では、命をつなぐためのものという感覚です。飽食《ほうしょく》の時代といわれる現代では、なかなか理解できないかもしれませんが、現実にそうなのです。

つごう十年間のこのような生活をした私は、ツメに穴があいたり、歯がペラペラになるという経験をしました。

決して身体にいいわけではありません。しかしそんな経験をしたからこそ、わかることもあるのです。

修行道場を出て、初めて肉を口にしたときのことです。一口二口食べた瞬間、胃袋から急激に熱がこみあげてくるのをはっきりと感じ取ったのです。

そしてこのことから、修行道場の食事がいかに考えてつくられているかを知ったのです。このエネルギーが、性欲につながる。

道場では、欲を極端におさえつけます。特に睡眠欲と食欲。人によって多少は違うかもしれませんが、私の経験上最も強いのが睡眠欲。そしてその次が、食欲です。

この二つがある程度満足しないと、第三の欲求である性欲はわいてこないのです。ですから道場の食事は、修行しやすくするためのものであるということがわかります。

実際、私自身、修行中に性欲を強く感じたことは、ほとんどありませんでした。二十代前半から三十代前半までという、一番そういうものを感じるであろう年代だったにもかかわらず。

誤解されるといけませんからいいますが、だからといって女性に対する興味がなくなったわけではありません。

学生時代は男女共学で、その頃は周りにいる女性を強く意識したことがありませんでした。そんな環境が当たり前だったからです。

しかし道場には、女性はいません。そして言葉を交《か》わす機会もありません。すると、たまに托鉢《たくはつ》で街に出ると若い女性を見かけます。女性を見るだけでうれしいという感情になるのです。

このことは、今まで気がつかないことでした。見るだけでうれしい。これまで女性をきらいと思ったことはありませんが、自分ではふつう程度に考えていました。

そんな自分のなかに、こんな感情があったなんて……。驚きでした。


さて、前置きが長くなりましたが、明治の初め鎌倉円覚寺《えんがくじ》に今北洪川《こうせん》老師という方がおられました。老師と金閣寺《きんかくじ》の貫宗《かんそう》和尚とは親友です。ある年の秋。金閣寺を久しぶりに訪ねた洪川老師。楽しい時間を過ごし、あっという間に帰る時間です。

帰りに京都の「松茸《まつたけ》」を土産《みやげ》に買っていこうと思いましたが、高価で持ちあわせがありませんでした。そこであきらめて帰っていたのです。

その姿を金閣寺のお弟子さんが見ていたのです。そしてそのことを貫宗和尚に報告しました。聞いた貫宗和尚は、さっそく松茸を買って送ったのです。

今では考えられませんが、交通事情の悪かった時代、届いたときには腐っていたのです。

翌朝、老師は若い修行者たちにいいます。貫宗和尚の書いた荷札をかかげ、

「昔の言葉に、食えどもその味わいを知らずというのがある。京の友人から松茸がとどい

たが腐っていた。だが私は食わざれども深くその味わいを知る。さあ、いえ！　この味はいかなる味か？」

若い僧は、何も答えられない。

すると老師、誰も答えられないならと自ら、

友愛の至味《しいみ》、その甘きこと蜜《みつ》の如《ごと》し

友情から出る味は、蜜のように甘くありがたいと。不満の発想ではなく、皆に満足を与える一転語です。一同、涙ぐんだと聞きます。

「**薬石**」を知る老師の一言、皆さんはどう感じますか？

一週間、一日中、頭を下げて座る

「玄関《げんかん》」とは、本来、玄妙なる関門の意味で、高遠なる仏法の教えへの入口ということになります。つまり寺の入口。それが広まって、一般の家でも使われる用語となりました。

禅寺の関門は、実際洒落《しゃれ》にならないくらいのものがあります。われわれは、修行道場へ入門するのに、庭詰、旦過詰《たんが》というものを経験します。入口に、一日中頭を下げ座り込んだり、部屋に通されてもひたすら一人で坐禅をする入門試験があるのです。

そして一週間ほどかけて、ようやく入門許可をもらうのです。なんと今の時代に、こんな前近代的なものが残っているとは……。

そう思われても致し方ないかともいえますが、本当にこれくらいの忍耐が保てないと、実際の修行道場ではもちません。

毎日の睡眠時間は、三、四時間。食事も必要最小限度の野菜料理、なおかつ畑仕事などの重労働が日々待っているのです。もちろん冷房も暖房もありません。私の修行した京都の北では、朝起きると、氷点下五度なんてこともありました。廊下を水ぶきすると、そのまま凍っていくのです。

生身《なまみ》の人間です。足がヒビ割れ、さけてくる。いつまで続くかわからないそんな生活を、おこたらず続けるのです。

今になって、われながらよくやっていたなと思うくらいのものなのです。

仏教には、中道《ちゅうどう》という言葉があります。中間がちょうどいいのが一番ということです。さんざん苦行を重ねられたお釈迦《しゃか》様の修行の結論です。苦行では、結局救われない。

私もこの言葉をうのみにして道場に向かいました。そして初めに感じたことは、全然中道ではないじゃないかということでした。

しかし、修行を続けていくうちに気づいていったのです。中道とは、自分が初めに思っていた中間のことではないと。

人間は、弱い生き物です。ですから最初から自分の限界を低く見積っているのだと。

実際、私は三、四時間の睡眠で人間もつわけがないと思っていました。しかしやらざるを得ない環境にいると、必死だとできてしまうのです。

こんなとき、自分で自分の限界をつくっていたとわかるのです。人間はある一面では弱い。しかし他の一面では、強いものももちあわせている。

肉体の限界より精神の限界を自分でつくってしまっている。それを自覚していく作業が、また修行にはあるのです。

一般社会だけに生きていれば、なかなか気づけないことだと思います。修行道場では、そんな経験のなかで、いくつもの関門を経験します。それは精神的なもの、肉体的なもの、さまざまです。時間の経過とともに、いくつもそうした問題が表れてきます。そして深いなぁと思うのです。

玄関とは、寺でも家でも初めに入る所です。そこでまず靴を脱ぐ。靴はきれいに整《ととの》えて置く。これは生活の基本です。つまり、その人の生活態度が如実《にょじつ》に出るのです。

だから寺では、**照顧脚下**《しょうこきゃっか》などといいます。「しっかり足もとを見つめよ」と。

これは、一つの動作をいっているのではありません。あなたの初心、根底を見つめ直せということです。他人ではなく、あなた自身です。

私の修行した大徳寺《だいとくじ》を開かれた大燈国師《だいとうこくし》は、「雲門《うんもん》の関《かん》」という禅問答で悟られたといいます。

唐の時代に、翠巌《すいがん》和尚は夏の修行の終わりにいいます。

「私は皆のために話をしすぎた。親切がすぎると罰があたって、眉毛《まゆげ》が落ちるという話がある。どうだろう。私の眉毛はまだあるだろうか」

弟子の保福は、「賊《ぞく》を働いた者は、落ち着きがないわい」といい、長慶は「心配しないでいいですよ。ちゃんとふさふさとしていますよ」と応じたのです。

対して雲門一人、「関」と一言いい放ったというのです。禅問答では、この雲門のいう関とは、なんなのかを問うています。

この関門、玄関には容易にうかがい知れない禅の真髄《しんずい》、深い宗旨《しゅうし》があります。簡単にわかったのでは、それは関門ではありません。

ですから、この関を今、皆さんにわかってもらおうといっているわけではありません。

大燈国師の師の南浦紹明《なんぽじょうみょう》（大応国師）は、晩年病に臥《ふ》しながらも、決してその参問を止めなかったと聞きます。まさに命をかけた関の問答でした。

苦しんで苦しんで悟った大燈に、師は「私は昨晩、雲門和尚が私の所へ来た夢を見た。お前は雲門の再来だ」と喜んだそうです。

雲門は中国唐代を代表する禅宗史に燦然《さんぜん》と輝く大和尚です。そこへ至るには、まず玄関、関門をくぐることから始まるのです。その一歩を踏み出す勇気、それが玄関の本当の意味だと思います。

「空《くう》」とは腹ぺこのことである

空《くう》――日本にあるすべての宗派は、大乗《だいじょう》仏教です。その大乗仏教の根本原理が『般若《はんにゃ》心経《しんぎょう》』というお経に説《と》かれているといわれています。

つまり『般若心経』は、日本仏教どの宗派にも通用するお経ということになります。

その『般若心経』の核にあるのが、この空です。

みなさんも「**色即是空**《しきそくぜくう》、**空即是色**《くうそくぜしき》」なんて言葉、どこかで聞いたことがあるのではないでしょうか。ここで出てくる「空」が、この空です。

たった一字の文字ですが、これがなかなか説明しづらい。私だって、はっきりいってすべてわかるわけではありません。

しかしそういっては、元も子もありませんから、わかると思われることを記します。「空」は、「何も無い」ということです。われわれは、もともとは何も無いところから発生してきて何も無いところへ帰っていくのです。

何も無いのになぜ生まれてきたかといえば、そこに縁《えん》があったからです。男女の出会いがなければ、生命の誕生はありません。男が一人でいても、女が一人でいても何も起こらないのです。

つまりバラバラだったら何も無いのだけれど、集まると何も無いところに色々な働きが起きてくるということです。

たとえを変えましょう。土や材木、レンガ、セメント、これらが野原に置かれていたのでは、何も無いただの物質です。しかしこれで大工さんが一軒の家を建てれば、そこに人が住まう。すると人が集まり、茶を飲んだり話ができる場になる。そんな働きが出てくるのです。

しかし、それらをまたバラバラにすれば、もう何も無い。

ではまた別の角度から見てみます。人間は水やカルシウム、タンパク質などでできています。もちろんこれらもバラバラなら、人間ではない。これらが集まって、人間になるのです。そしてそこに、元来無かったはずの心が生まれてくるのです。

心は、不思議です。

坐禅体験者はわかると思うのですが、みな無心になろうとします。しかし無心になろうとすればするほど、色々なことを考えてしまうのです。でもその想いは、どこからともなく出てきて、どこへともなく消えていく。

「**色即是空**」の色は、形あるものということです。ですから、「形あるものが実は空であり、空であるものが有になる」といっているのです。

心は、形がありません。しかし存在しますよね。でもその心は、大きさも色も無いのです。

では、それを知ることが、なぜ仏教を知ることになるのでしょう。

私は、仏教は生きている人間に役立つものだといっているのです。

一般の人にとって、役にも立たない現実離れした教えではありません。日常、人々に役に立つことを前提にしているものだと捉《とら》えています。

世の中には、人の目を強く意識する人がいます。

人が見ているから、自分は悪いことができないという人がいます。その場合、この人にとって見られているということが悪事への抑止につながっている。

その場合は、見られているという意識をもったほうがいいのです。つまり、うまくその感情の引き出しを持って、出し入れすること。

それができれば、今よりずっと生きやすくなるのです。実体のないもの、心のコントロールです。

お釈迦様は、皆に「仏性《ぶっしょう》」があるといいました。仏性とは、仏様の才能です。ですから誰もが皆、その能力を持ち合わせているといっているのです。

そしてそこをうまく活用するのが、智慧《ちえ》なのです。知識ではなく、智慧です。

小乗《しょうじょう》仏教は、修行した者、つまり僧だけが救われる教えです。対して大乗仏教は、皆が救われて意味をもっと考えています。

禅の修行もされた東大寺、華厳宗《けごん》の管長《かんちょう》もされた清水公照《しみずこうしょう》和尚は、「空とは腹ペコということだ」といいました。何を食ってもうまい。これを心でいえば、なんでも受け入れられる状態、なんでもありがたい。

そして心経最後の一文を「広く、広く、もっと広く」と訳されました。すべてへの感謝が生まれる無限《むげん》が心にあるということです。

清貧《せいひん》であるということ

方丈《ほうじょう》――悟りの人、維摩居士《ゆいまこじ》の住まいが一丈四方であったことから、寺の住職《じゅうしょく》のいる場所を「方丈」というようになりました。そしてそれが発展して、住職そのものの呼び名となったのです。

僧侶の呼び方は、色々あります。「上人」「御聖人」「和尚」「住職」そして「方丈」などなど。それらは、それぞれの宗派としての呼び名と一般的にいう呼び方があります。禅宗では、おもに「和尚さん」「住職さん」「方丈さん」などが知られているところでしょうか。

「一丈」というのは、三・〇三メートル。ですから方丈は四畳半弱ぐらい。そこで維摩居士は寝起きをし、事務仕事やすべてをこなしたのです。

ちなみに「居士」とは、僧侶にはならないが、禅を修行する男性です。そして女性は、「大姉《だいし》」。

維摩居士は、僧侶よりも深い悟りを得ていたという飛び抜けた居士です。

禅の話には、僧侶だけでなくたまに居士も出てきます。ここに私は、禅宗の公明正大《こうめいせいだい》さを感じます。

一般の方は知らないと思いますが、仏教他宗派の僧侶が修行したいといって受け入れるのは、禅宗だけだと思います。現に私が修行していた頃、天台宗や他の宗派の方もおられました。

他の宗派では、その宗派に属さないと修行はさせてくれません。禅宗のスタンスは、志があれば「来る者は拒《こば》まず。去る者は追わず」です。

そういう姿勢が、外国人から人気が出る大きな要因の一つだと思います。私の寺の坐禅会にもイスラム教やキリスト教の方も来られています。学ぼうと思う者には、門戸《もんこ》を開く。それでいいと思います。

私に僧侶としての基礎を叩《たた》き込んでくださった方は、大徳寺大仙院閑栖《かんさい》（隠居）南岳《なんがく》和尚でした。

南岳和尚は、岐阜の農家の生まれで当時の口減らしのため、丹後《たんご》宮津《みやづ》の寺に七歳で小僧に出されました。

私は十二歳で出家しましたが、南岳和尚は私に自分が出家したときの話を聞かせてくれました。それが心に強く残っています。

宮津の寺には、同郷の兄弟子がいたことが御縁になったようです。両親につれられ寺に着いて、両親が帰るときです。和尚さんは、気をきかせて両親を駅まで送りに行くよう、南岳少年に命じます。

駅に着くと少年は、母親の手をにぎって離しません。埒《らち》があかないので、父親が必死で指を離そうとしますが、必死ですがります。周りの大人たちも協力して、やっと離れました。

おさえつけている間に出ていけと、駅にいた人が両親にいいます。

電車が来て両親が出ていくと、大声で「お母さ～ん！」と呼び続けた。

その話を涙を流しながら、私に語ってくれたのです。当時の私の姿に、自分を投影させていたのでしょう。

今や一般家庭の子が出家することは、ほとんどありません。私も知り合いのお寺さんから「天然記念物」などともいわれています。それほど今のお寺は、お寺の御子息《ごしそく》ばかりになっているということなのでしょう。

そんな南岳和尚は、自分自身にもとても厳しい方でしたが、ある日、おもしろい光景を目にしました。

ある方が訪ねてきたのです。そして作務衣《さむえ》姿で掃除している南岳和尚に声をかけてきたのです。

「すいません！　南岳老師《ろうし》（禅の高僧）は、いらっしゃいますでしょうか？」

すると和尚は、「今呼んでまいります！」と答え、奥へ引っ込んでいきました。

そして僧衣に着替え、なにくわぬ顔で出てきたのです。

するとその方は、「いや、老師どうも」などと挨拶しています。先ほどの人が南岳和尚だとはまったく気づいていない。

その姿を見て、なんてちゃめっ気のある和尚だろうと思ったものでした。南岳和尚は僧侶のなかでは、最高位の位をもつ高僧でした。しかしそんなそぶりをいっさい見せない人でもありました。

たしかに厳しい部分もありました。自分はスパルタだとも公言していました。しかし私は、その中にある情というものを深く感じていました。

今、教育現場では、あちこちで体罰体罰と叫ばれ、問題になっています。時代遅れなのかもしれませんが、私からみたらなんでもかんでも体罰というのは、おかしい気がします。愛情のある叱咤《しった》というものもあると。

南岳和尚から私は、謙虚《けんきょ》、質素《しっそ》を学びました。禅の「清貧《せいひん》」という言葉に、美徳を感じるのはそんな影響でしょう。ボロを着ていても、心の錦《にしき》です。

「**方丈**」もまさに、そんなことを示した言葉の一つです。

人間に生まれることは難しい

人間――私の尊敬する禅僧の一人に、妙心寺の管長をされた山田無文《やまだむもん》老師がいます。お釈迦様も達磨《だるま》大師もお会いしたことはありませんが、無文老師には実際にお会いしたことがあります。

それは、私が高校生の小僧《こぞう》（専門修行に入る前の見習い僧）時代の話です。一年に一度大徳寺《だいとくじ》（私のいた寺）では、初代の和尚（開山様）の命日に、大々的な法要が行われます。そこに無文老師が来られていたのです。私は、大徳寺の管長様の先導役を務めていました。

巡路を歩いて仏殿という建物に向かうその道の先に、一人の質素な様子の僧侶が立っていました。

有髪の小がらな老僧。私はどこからかこの寺にまぎれこんだ僧だと思い、すぐにどけとばかり、手で払うような仕草をしたのです。

するとそれに気がついたこの老僧は、深々と頭を下げ、後ろに下がったのです。

式典は無事に終わり、その後のお疲れ様会の折、皆で今日の出来事を話していました。そこであの無文老師が来ていたとの話題が出たのです。

その特徴、小がら、有髪、髭《ひげ》がはえている、質素な格好……。

私は、目が点になりました。あの老僧だと。私は、知らなかったとはいえ、そんな方に手で払うような無礼な態度をとったのです。

それに対し、無文老師は黙って頭を下げた。昔、母親に「実るほど頭《こうべ》をたれる稲穂《いなほ》かな」と教えられましたが、まさにそのとおり。稲妻《いなずま》が走るような衝撃を受けたのです。

無文老師は、当時宗門の大学・花園大学の学長をされていました。そんなことで興味を持った私は、ここの公開講座にうかがったのです。

そこで無文老師が語ったのが、「人間に生まるること難《かた》し」ということでした。犬や馬に生まれるかもしれないこの世の中で、人間というものに生まれさせていただいた。この奇跡的な偶然が、いかに有り難いことであるか。そんな話でした。

今まで生きてきて、そんなことを考えたことはありませんでした。だがたしかにそのとおりなのです。

無文老師は出家前、結核《けっかく》を患《わずら》ったことがありました。徴兵検査にも落ち、当時不治の病といわれ役立たずという自分の境遇。一人、部屋で寝ていたある日、たまたま縁側に出た。すると一陣の風が、ほおをなでたのです。そのとき、ふと「風とはなんだったかな」と考えたと……。風は空気が動いているのだと思ったとき、あらためて「そうだ空気があった」と気づいたといいます。

空気に育てられ、養われていながら生きていたのだと。私が空気とも思わずとも、空気のほうは寝ても覚めても休みなく私を抱きしめておったと。

「俺は一人じゃないぞ。孤独じゃないぞ。俺の後ろには生きよ生きよと俺を育ててくれる大きな力があるんだ。俺は治るぞ！」

人間は生きているのではなくて、生かされているのだと。

そのときつくった歌が、

大いなるものにいだかれあることを
けさふく風のすずしさにしる

私は、無文老師のような経験はありません。しかし人生とは、すべて感じ方次第ということを、今になってわかってきました。

漫画『ドラえもん』のなかのひみつ道具に、「カンゲキドリンク」というのがありました。感謝の念の足りないのび太に、これを飲ませたのです。


するとのび太は、情緒豊かな人間に変身。しずかちゃんの家で金魚が死んだ話を聞くと、

「か、か、かわいそう。ワ〜ッ」

しずかちゃんが問題を解くと、

「す、すごい！　しずちゃんは天才だ！」

しずかちゃんのママがおやつを出すと、花火を打ちあげ、

「しずちゃんにおやつをもらったぞ！　このよろこび！　この感激！」

ドラえもんがのび太を探しに行くと、土管の上に立って両手を高くかかげたのび太は、

空に向かって叫んでいました。

「かがやく太陽、さわやかな風。ああ、生きてるってなんというすばらしいことだろう」

このときののび太は、最高の幸せな時間を過ごしていたはずです。

太陽も風も「当たり前」と思っていれば、そこになんの感動もありません。

私自身も修行中、「やらされている」と思っていたときは、辛くて辛くてしょうがありませんでした。しかし自分自身が「やってやろう」と思った瞬間から、とてつもない生きがいと喜びが感じられたのです。

不満の自分と感動の自分。人もものの受け取り方、解釈で変わることができる。人間には、自分と他の対象物の関わり方を心で考えられるのです。

種田《たねだ》山頭火《さんとうか》の流浪《るろう》の人生

独《ひと》り来たり独り去る――「浄土三部経」一つ、『大無量寿経《だいむりょうじゅきょう》』のなかにこの言葉はあります。

富有《ゆう》なれど慳惜《けんじゃく》し、肯《あ》えて施与《せよ》せず。宝を愛して貪《むさぼ》ること重く、心労し身苦しむ。是《かく》の如くして竟《おわ》りに至れば、恃怙《じこ》とする所無し。独り来たり独り去りて、一も随《したが》う者無し

金持ちだけれども物に執着し、他人に与えることもなく、財宝に愛着して貪る心が強すぎると、自分自身で苦しみを増すことになる。このようにした一生を過ごせば、死に臨《のぞ》ん

で頼りとするものは一つもないことになるのである。

私は一時期、山頭火《さんとうか》にはまっていたことがありました。種田山頭火、禅僧であり昭和の俳人です。丸メガネをかけ、つねに雲水（修行僧）スタイルで、漂泊《ひょうはく》しつつ句作の一生を終えた人です。

残っている写真を見ると細面の顔が、なんとなく自分に似ているという単純な理由で山頭火を好きになりました。そこで、山頭火と同じような昔ながらの丸メガネを使いだしたのです。

そんな姿をした私は、休みの日に京都国立近代美術館に行きました。するとそこに山頭火を描いた大きな絵がありました。すすきのなかを風に吹かれながら歩く山頭火、幅は三メートルぐらいの大きなものでした。その絵をシゲシゲとながめていたのです。

端から端までつい見入ってしまいました。そこで人の気配を感じ、ふと後ろをふりむくと、そこにたくさんの外国人の方が知らぬ間に集まっていたのです。そしてニコニコしながら、この絵はお前だろう、というようなことを話しかけてきたのです。

突然のことに私はどうしていいのかわからなくなり、あわててその場を黙って離れてしまったのです。あとで思えば何かいえばよかった、申し訳ないことをしてしまったと反省したのを覚えています。

頭をまるめ、メガネをかけて衣を着ていれば、日本人でも区別がつかないほどです。まして外国の人ならなおさらでしょう。そんな思い出が山頭火にはあります。

種田山頭火は、山口県佐渡郡西佐波今村（現・防府市八王子二丁目）で生まれました。もともと造り酒屋の裕福な家庭でしたが、父親の遊蕩《ゆうとう》、母親の自殺、早稲田大学に進むも中退。家運も傾き破産。その後も弟の自殺や祖母の死、父の死と辛苦は続きます。

酒に溺《おぼ》れ、熊本で進行中の電車の前に仁王《におう》立ちし止めてしまうというような事件を起こします。そのとき、電車の乗客に袋叩きになりそうだったのをたまたま助け出した者がいて、彼はそのまま山頭火を法恩寺という寺につれていきます。

報恩寺の住職望月義庵和尚は、話を聞くも叱るでもなくニコニコして三度の食事を与え、共に日々を過ごしたといいます。この和尚の寛大さにいっぺんで参ってしまった山頭火は出家します。

その後、しばらくは観音堂の堂主として暮らしますが、飄然《ひょうぜん》とここを去り旅に出てしまいます。

それが彼の旅の始まりです。あるときの日記に山頭火は、こう記しています。

私はまた旅に出た。
所詮、乞食坊主以外の何物でもない私だつた、愚かな旅人として一生流転せずにはゐられない私だつた、浮草のやうに、あの岸からこの岸へ、みじめなやすらかさを享楽してゐる私をあはれみ且つよろこぶ。
水は流れる、雲は動いて止まない、風が吹けば木の葉が散る、魚ゆいて魚の如く、鳥とんで鳥に似たり、それでは、二本の足よ、歩けるだけ歩け、行けるところまで行け。

山頭火の旅は、一説に母の成仏を祈るためのものであったといいます。十一歳のときに井戸に身を投じての母の自殺、その衝撃は想像するだけでも胸が痛みます。五十七歳のとき、山口県湯田の「風来居」で、母の位牌《いはい》の前に半把《わ》の干しうどんを供え、「うどん供えて　母上私もいただきまする」の句を捧《ささ》げています。

私は、山頭火は好きではあるけれど、理想的な生き方だとは思っていません。ただ、そうせざるを得ない道が山頭火には、あったのだろうと思うのです。

ただ昭和十五年秋、松山の「一草庵」で好きな酒を飲み、翌朝コロッと一人で往生していたという死にざまが、山頭火らしいなと思うのです。

人間は、しょせん一人で生まれて一人で老い、一人で病んで一人で死ななければなりません。そこに財産、妻子も一緒につれていくことはできないのです。

だからこそ、この厳粛《げんしゅく》な事実としっかりと向き合い、自分にとっての本当の価値観を見いだし、よりよい人生を築《きず》いていかなければなりません。

享楽は、破滅でしかないのですから。

「**独り来たり独り去る**」改めて考える価値のある語句です。

死を考え抜いたさきにあるもの

左記は、漢の時代に作られたという作者不明の詩です。

去る者は日を以《も》って疎《うと》く
来る者は日を以って親し
郭門《かくもん》を出でて直視すれば
但《た》だ丘《きゅう》と墳《ふん》とを見るのみ
古墓《こぼ》は犂《す》かれて田《でん》と偽《いつわ》り
松柏《しょうはく》は摧《くだ》かれて薪《たきぎ》と偽る

白楊《はくよう》悲風多く
蕭々《しょうしょう》として人を愁殺《しゅうさつ》す
故《もと》の里閭《りりょ》に還らんと思い
帰らんと欲するも道の因《よ》る無し

人は死んでしまえば、時間が経つにつれ忘れ去られていきます。しかし生きて身近に接している人は、日に日に親しさは増していきます。

「郭門」とは、城下町を守る囲いにある入口、「丘」と「墳」は墓のことを指します。城門を出てあたりを見渡せば、あるのは人の墓ばかりです。そして、古い墓も参る人がいなくなり知る人も亡くなれば、時代は流れ、墓も撤去され田畑になってしまいます。

そして「松柏」、松と柏の木は、墓の周辺に植えられる木です。その木も切り倒され、薪になりました。

人は日々の忙しさにかまけ、たまには思い出していたものもだんだんと忘れていってしまいます。むなしくなってしまうような話です。

仏教では、「諸行無常《しょぎょうむじょう》」といいます。常であるものは何一つありません。万物は生滅を繰り返すといいます。でもだからこそ、そこに仏教の必要性があるのです。
「修証義《しゅしょうぎ》」にある「生をあきらめ、死をあきらむるは仏家一大事の因縁なり」とは、このことです。

現代の日本仏教は、葬式仏教と揶揄《やゆ》されます。しかし、私はこれが悪いことではないと思います。

人の人生、最大の試練。それが死だと……。死はその人の人生の総括です。人は老い、病気になることは、当たり前です。しかたのないことです。

しかしこのとき、どのような心持ちで死を迎えられるか、それはその人のこれまでの生き方にかかっているものではないでしょうか。

お釈迦様のような歴史に名を残す偉人でも亡くなるときは、食中毒でした。だから死の理由を人に問うても意味がありません。

われわれ、禅宗は心の宗教です。私も一応、僧侶ですから一般の方よりも、多くの死に巡《めぐ》り合う機会はあったかと思います。

そしてそのような場で遺族の方々の話を聞く中で、感じていること。それは本当に大切なことで、肉眼には見えないということです。


人の人生は色々であるように、そこから感じる生きがいも価値観もそれぞれです。ですから死に方も色々あっていいはずです。

人は生まれたその瞬間から、死への秒読みを始めます。特例は認められません。どんな死に方をするか、あれこれ考えてもわかりません。それは人間の能力を超えたところにあるものだからです。

わからないことを考えるのは、無駄なことです。ですが人間には、考える能力があるから考えます。つまり人生のなかで、死のことを考えない人間はいないのではないかということです。そして考えて考えたさき、そこで、やっとわからないことを模索《もさく》するさきに、いかに生きたらいいかに目が向けられます。

自己実現のために、人は努力精進します。いい死とは、いい生の先にあることに気づきます。普通に考えれば肉体が滅《ほろ》びれば、心も消えてなくなるかもしれません。たぶん私もそうではないかと思います。

ですが私自身を顧《かえり》みて、亡くなっていった人は、その姿形は目では見えなくなっても、まちがいなく私の心のなかに生きているのです。

目をとじれば、ありし日のその人の姿を鮮明に想い浮かべることができます。

私のなかに心がある限り、そこは消えません。人の生きざまは、残された人の心に残ります。そして継承されていくのです。

手前味噌《てまえみそ》のようですが、だからこそ葬儀や告別式が大切だと考えているのです。人と故人の想い出話は、そこを導き出す呼び水です。生死をあきらめれば、去る者、来る者の違いはないのです。

さて、余談ですが日本のお墓は、勝手に改葬はできません。「墓地等の構造設備及び管理の基準等に関する条例」などにより、厳しく守られています。御安心ください。

墓が田畑になったという話は、中国の古い時代の話です。ご心配をおもちの方のため、あえて一言つけ加えさせていただきました。

第2章

煩悩だらけの自分に気づく

刺客が驚いた西郷隆盛《さいごうたかもり》のあきれた姿

行雲流水《こううんりゅうすい》――意味はまさに、「雲は行き水は流れる」ということです。

われわれ禅僧は、修行僧を「雲水《うんすい》」と呼びます。現在は、修行する場所（道場）は一ヵ所というう場合がほとんどです。しかし昔修行とは、一ヵ所にとどまらず、本物の師を求めて探すものでした。

その姿は雲のように、また水の如《ごと》く自由闊達なものでした。そしてその精神は、なにものにもとらわれぬものであり、さらにいえば、高僧だけでなく旅のなかで巡《めぐ》り合う市井《しせい》の人々、山や川など自然のものさえ師となり得るものでした。

ですからその証拠に、禅の言葉には自然をうたったものが数多くあるのです。

幕末に明治維新で活躍した西郷隆盛《さいごうたかもり》も禅を修行した人でした。太っ腹の大人物として知られています。

しかしそんな西郷さんも、初めからそんな大きな器《うつわ》の人だったわけではなさそうです。

それが証拠に、若かりし日には、人生に絶望し自殺未遂まで起こしているのです。

そんな西郷さんの逸話が残されています。

あるとき、三人の武士が江戸から鹿児島の西郷邸を目指していました。いずれも幕府軍の人間で、彼らは勝海舟《かつかいしゅう》に西郷殺害の決意を語り、紹介状を書いてもらいました（ちなみに勝海舟も、禅を信仰した者の一人です）。

自分たちと意見の違う西郷を殺しに、遠い鹿児島へやってきたのです。西郷邸に着くと、家をのぞきました。すると部屋でふんどし姿で昼寝している者が見えます。

そのだらしない姿を見た三人は、「こいつ書生《しょせい》だな」と思ったそうです。

中へ入り「西郷先生にお会いしたい」と声をかけ、その紹介状を手渡しました。

すると書生だと思っていた者が、「おいどんが西郷だが」と答え、さらに三人を部屋に通し、ふんどし姿のまま紹介状を読み始めました。

手紙には、こう書かれていました。

「この三人は、あなたを殺そうとしてそちらへうかがった。ご面談の上、よろしくお取りはからいください」

西郷はそれを読み終わると、驚きもせずゆっくりとその書状を巻き返し下に置いて、三人をしげしげと見つめていいました。

「そなたたち、おいどんを刺しにまいられたか。遠路はるばる御苦労さま」そういってほほ笑んだのです。

その態度にびっくりした三人は、スゴスゴと退散するしかなかったといいます。

西郷さんは、三人とはあまりにも人間としてのスケールが違っていました。


私の寺にも西郷さんの「敬天愛人《けいてんあいじん》」（天を敬い人を愛す）の語が残されています。このように私心をなくしたところに、人は共感を覚えるのでしょう。

なにものにもとらわれず、自在に生きた人物といえるのではないでしょうか。

人はだれでも自然に生きられたらと願っていると思います。

しかし現実世界のなかで生きていると、それぞれ抱えているものや守るべきものがあり、なかなか雲や水のように生きられません。西郷さんのようにはなれません。ただ、完全なる自由は得られないまでも、積み上げてしまった重荷を少しでも軽くし、心をリセットしたいものです。

私は修行時代、少しでも肚《はら》の据《す》わった人間になりたいと目標をもちました。それがどれだけのものになったかはわかりません。

修行のなかで、その力を禅定力《ぜんじょうりき》というのだと知りました。そして現在、私は教誨師《きょうかいし》という立場になって、殺人を犯した人を前にしても動じない自分がいることに、得たものはあったと感じています。

修行が少しは役に立っているのかなと。

坐禅をすると、落ち着きます。これは、坐禅によって、頭寒足熱《ずかんそくねつ》状態が自然とできるようになるからです。俗にいう「頭を冷やす」ということです。

そして腹式呼吸。ゆったりした気持ちになります。姿勢においても、坐禅は腰を入れるということをします。この反対が腰が引けるという言葉ですから、おのずと心が前向きになるのです。

これらのものが、総合的に働いて心が解放される。

仏教、禅でいう「無心」とは、このことです。この無心を得ることで、コンコンと生き抜く力が湧《わ》いてくる。

私はそう思っています。

禅から生まれる言葉（禅語）は、境涯《きょうがい》（心理）を表現しています。言葉自体は大変短いものですが、そのなかに多くの教示があります。

禅の言葉から、人の日常に一つでも役立つものを見いだせたら、禅問答に匹敵する学びになると、私は信じています。

小さなこだわりや執着を払い去る

「**一円相**《いちえんそう》」とは、丸い形のことですが、よく禅宗のお坊さんが掛《か》け軸《じく》などに、墨《すみ》で丸い円を描いているものを見かけます。

これは、何を意味するものなのか？

「**円月相**」などともいい、月であり、また宇宙の究極の姿を指すともいいます。万物の根源となる五つの要素、空風火水地を一筆で表現したもの。森羅万象《しんらばんしょう》、宇宙全体の姿、世界の究極の形をもっとも簡単に描いたもの、それが円だともいいます。

しかしある禅僧は、そんな難しく考えなくていい。「まんじゅう」だといった人もいます。

ですから、それぞれの人がそれぞれに感じ取ったもの。それで間違いではないのです。私自身は、この円から思うものは、やはり心というものです。一つとして、ブラックホール。ブラックホールは、真空です。

「無尽蔵《むじんぞう》」（尽きることのない蔵）などともいいますが、感動というものはいくら感じても尽きることはありません。打ち止めはありません。だがこれが単なる記憶だとすると、自ずと限界があるのです。

私もだいぶ昔ですが、受験勉強のときに、それを強く思いました。この記憶する能力は、残念ながら個人差が大きい。

対して心は、誰にも備わっていながら、その能力に差はないと……。それが仏教の、禅の平等性ではないかと思うのです。

仏教の言葉には、「円覚《えんがく》」（円満で欠けたところのない悟り）、「円融《えんにゅう》」（施《ほどこ》しがすみずみまで行き渡ること）、「円悟《えんご》」（完全な悟り）などの語もありますが、すべてそのことを指しているのではないでしょうか。

われわれがこだわっていることなど、とても小さいこと。円を見ているとそう思えてくるのです。

また円は、鏡とみることもできます。私の尊敬する山本玄峰《やまもとげんぽう》老師（昭和の名僧といわれた妙心寺管長《みょうしんじかんちょう》）の好まれた言葉に「両鏡《りょうきょう》相照《あいてら》して中心影像《よう》なし」というのがあります。

鏡は、中に物が入っているわけではありません。前に物があれば、それを映す。物が無くなれば消える。映ったからといって中に物が入るわけではないし、無くなっても中の物まで無くなるわけでもありません。

汚い物が映っても中が汚れるわけでもないし、美しい物が映っても、中まできれいになるわけではない。目方の重い物が映っても鏡が重くなるわけでもない。

この鏡のようなありのまま、それが悟りだというのです。

江戸時代の禅僧、盤珪《ばんけい》禅師の道歌に、

古桶の底抜けはてて三界に

一円相の輪があらばこそ

というものがあります。

漬物を入れている古い桶。底があれば知らないうちに、チリやホコリもたまります。ですからその底を抜いてしまう。

すると決してチリやホコリは、たまりません。このチリやホコリとは、われわれの煩悩です。

小さなつまらぬこだわりや執着、これらを払い去ってしまえば、スッキリさわやかに生きられる。

今、いわれる「断捨離《だんしゃり》」もこういうことだと思います。「歴史は繰り返される」「人は変わらない」といいます。

「断捨離」も「マインドフルネス」も新しい言葉のようで、すべて禅のいってきたことです。

坐禅の線香はアロマだし、坐禅によって酸素を多く取り込むことも、酸素カプセルと変わりません。人はいつの時代も自分の身体《からだ》に関心をよせます。そんななかで、やはり行きつくところは、同じ方向に向かうものなのでしょう。これも巡《めぐ》っている円です。

私は、ずっと伝統という世界、禅の中で生きてきました。歳のわりに古い感覚だなと感じることがあります。

ＳＮＳもよくわからないし、ピアスやタトゥーなどを見ると、つい眉《まゆ》をひそめてしまいます。しかし、最近の風潮だと勝手に思っていましたが、よくよく考えてみれば、われわれ仏教の仏像には、こんなピアスやタトゥーは当たり前にある。ずっと遠い昔からあったのです。そう考えると、自分の知らず知らずのなかにある偏見《へんけん》にも深く反省するのです。

そういえば、われわれ僧侶が頭をまるめるのも、円ということだといえるかもしれません。出家者が頭をまるめるのは、お釈迦様の時代からだったそうです。それは、仏教徒が他と違うことを示し、悪さをしないためとの意味もあったでしょう。そして、その姿から清潔感をもたれる、また手入れが簡単だという理由もあったと思われます。

しかしなにより、髪は色気の象徴。もっとも手軽なおしゃれです。つまりここに煩悩が生まれる。自然に生えてくる髪を断ち切ることによって、心の円《まど》かさを求めた姿ともいえるのです。

おびえる心から生じる幻覚

一切《いっさい》は唯《ただ》、心が造《つく》る——私がこの言葉を見たとき、まさにそのとおりと深く感服《かんぷく》したのを憶《おぼ》えています。禅の教えを一言に、集約している言葉だと。

お経のなかの一節で、お経では「一切唯心造《いっさいゆいしんぞう》」とそのまま読むのですが、これを聞いても意味はわからないでしょう。では、なぜお経は訓読みになっていないのか？　それは、世界共通語としてあるからではないかと私は思います。

実際、私は中国や韓国に行ったとき、他のすべての会話はわかりませんでしたが、むこうの僧侶の読むお経はわかりました。

もちろん時代の流れのなかで、読みグセができてすべてが同じではありませんが、いっしょにお経をあげることもできました。お経は仏教の共通語だと感じたのです。

そしてさらにいえば、訳して読み下すと、その量が五倍ぐらいになる。想像してみてください。

今、東京では葬儀の読経《どきょう》の時間は平均四十五分ほどです。これが五倍だと二百二十五分、三時間四十五分です。耐えられますか。

そんなこともお経が訓読みにはならない理由なのではないかと……。

さて、われわれ僧侶は極端な坐禅をします。なかには、一睡もしないでなんてこともあります。そうすると、不思議なことが起きてきます。目の前に本来無いはずのものが見えてきたりするのです。よくいう幻覚というやつです。

それは、さまざまな物であったり光であったり、人であったりします。しかしそのまま放っておくと、また元の現実に戻ったりするのです。

坐禅を続けていると当然、脚は痛い。疲れもピークに達してくると「なんでこんなことやってるんだろう」などと思ったり、「もう坊さんなんてやめてやる」などという煩悩、妄想も浮かんできます。

でもやめるわけにもいかないとふんばっていると、これらの思いは消えていきます。なお続けていると、すべてが頭のなかから消えてなくなるのです。そこであれは、幻覚だった、煩悩、妄想だったとわかるのです。これを途中でやめたら、決して一生わからないままで終わると思います。

だから、今となってはあの苦しかった修行時代は、大変貴重だったと理解でき、ありがたかったと感じるのです。

幻覚を見ただけのところ、煩悩、妄想が湧《わ》き出したところでやめていたら、現実とこれらの違いも自覚できなかった。

こうしてぶれることのない自分ができあがっていきます。

『葉隠《はがくれ》』（武士の修養書）に、こんな話があります。

今、はやりの（はやりといっていいのかはわかりませんが）、不義密通《ふぎみっつう》（不倫）は大変な犯罪でした。ある男女はそれが人の知れるところとなり、死罪になったのです。以来、その処刑場所には、幽霊が出るとうわさになりました。死罪をいいわたした奉行《ぶぎょう》は困りはて、そのことを殿様に報告したのです。

するとと殿様は、こういい放ちました。

「殺しても飽き足らぬやつらであった。それが成仏できずに、いまだ幽霊になって迷っているとは、いい気味だ。いつまでも迷っておれ」と。

その言葉が巷《ちまた》に広まると、それからパタッと幽霊が出なくなった。

幽霊は、皆がこわがるからこそ、その存在意義があるのです。殿様の言葉によって、皆、幽霊をこわがらなくなったのです。


昔は、電気がありませんでした。たとえばよく禅寺に行くと、周りを囲むようにして、枯山水《かれさんすい》の庭園があります。その多くは、水を表現するのに京都の白川《しらかわ》の白川砂という砂利を使います。白川砂の色は白です。

私は昔、素朴《そぼく》な疑問として、水ならもっと青っぽい石のほうがいいのではないかと思いました。でもこの白色は、光を反射させて部屋の中を明るくする意味もあったとその理由を知ったのです。

昔は照明器具は、ロウソクか油の行灯《あんどん》です。とても暗かった。柳も幽霊に見えたという錯覚《さっかく》は、それも大きな要因でしょう。人間は、不安、心配があるとそれが鏡のように心に映ります。

だからこわがらない、恨《うら》まれない環境をつくること。さらにいえば自分が悪いと思うようなことをしない。自分の非を感じるから、そんな心もめばえるのです。

喜ばれる存在になること、誉《ほま》れる自分をつくりあげていくこと、こういう条件を積み重ねていくことこそ大切なのです。

水子《みずこ》が祟《たた》る、などという僧侶もいます。断じていいます。決してそんなことはありえません。

しかし心の弱い人もいるのです。世の中には、心の練《ね》り上《あ》げができている人ばかりではありません。そのための一つの区切り（リセット）をつけてあげる。そして不安からの解放をして、正常な元の自分に戻すのです。そこで前向きになれる。

「**一切は唯、心が造る**」とは、そのことを教えています。

「不可思議《ふかしぎ》」の力を知る

「不可思議《ふかしぎ》」を短くしたのが不思議です。意味を辞書で引いてみると、「思いはかることもできず、言語でも表現できないこと。考えても奥底を知り得ないこと」と出てきました。

禅でも悟りの境地を「不立文字《ふりゅうもんじ》」とか「教外別伝《きょうげべつでん》」などといいます。つまり文字では表現できない、教育で伝えられないということをいっているのです。

よく、われわれ禅僧は、本に書かれていることは薬の「効能書き」でしかないと表現します。効能書きとは「食後何分以内に飲んでください」とか「一回、何錠」とか「一日、何回」、または「こういう症状に」などと書かれたものです。

これを読んでも、病気は治りません。薬は飲んではじめて効くのです。

これと同じように、悟りとはこういうものだというのを本で読んでも、残念ながら決して悟ることはできないのです。

自ら坐禅して、その境地というものを体験して初めてわかる。つまり頭で理解することが、すなわちわかるということではないと。

たとえば、今私は現実に生きています。しかし、ひと昔前の日本であれば戦争で死んでいたかもしれません。また隣国のように難しい環境にいれば、餓死《がし》しているかもしれないのです。貧乏で病院にも行けない、死を待つだけという子どもも世界中にはいます。

東北や熊本にいれば、地震や津波で命を落としていたかもしれない……。

まさに「**有ること難《かた》し**」です。有ること難しとは、めったにない、珍《めずら》しくて貴重だということです。だからその言葉が、「ありがとう」に変遷《へんせん》していったのです。

巡り合わせ、さまざまな自然の脅威も不可思議な力といえるでしょう。奇跡的な命、生かされていることの重み。そこに命に対しての畏敬《いけい》の念がめばえ、感謝の心も生まれてくるのだと思います。

人間は「不可思議の力」と戦っても、決して勝てないと思います。大いなるものに抱《いだ》かれて生かされている。素直にこれに感謝し生きること。ここを仏教は説《と》きます。

『法句経』にあります。


自分が愚《おろ》かだと気づく者は、それは愚かではない。自分が賢《かしこ》いと思う者こそ、実はそれが愚かなのである

親鸞《しんらん》は自分を愚禿《ぐとく》といい、良寛《りょうかん》は大愚《たいぐ》といったのは、このことだと思います。

はからずも東日本大震災では、福島の原発事故が起こりました。科学の力を過信した、人間の傲慢《ごうまん》を知らしめるものだったとも捉《とら》えられます。

亡くなられた方々には、深く哀悼《あいとう》の意を表します。そして、あの事故は日本人全体に対する警告と感じたのは、私だけでしょうか。

子どもの頃は、素直でありのままにものを見ていたなぁと改めて思います。

知人の女性からこんな話を聞きました。

彼女は、一人でインドを旅していました。そのとき、ネパールまでの長距離バスに乗っ

ていました。途中、長旅の疲れのせいか食べ物のせいか、めまいと吐き気をもよおしたのです。

耐えられなくなり、車を降り小さな村に立ち寄りました。バス停で、四歳くらいの少女に出会いました。

彼女は小さいのに物乞《ものご》いをして、生活しているようでした。気分の悪かった女性は、うなだれしゃがみ込んでいると、女の子は物乞いで手に入れたと思われる小さなしおれかけのミカンを一つ、女性の手に握らせました。

そしていうのです。

「カーオー、カーオー（食べろ、食べろ）」

女性は、小さな声で、

「シュックリア（ありがとう）」

その声を聞くと、少女はダーッと道のむこうに走っていきました。その姿を遠目に見ていると、少女は、いかにもお金持ちそうなおばあさんに何かいっている。何度も手を差し出すのだが、おばあさんは怒って何かいいながら少女を追い払っていました。

あきらめ、すぐにまた、別の男性に何かいって手を差し出します。すると今度は男性は、ポケットから小銭を取り出し、少女に握らせました。

女性は、「ああ、よかった」と心の中でつぶやきました。自分もミカンのおかげか、少し身体も楽になってきたと感じたといいます。

少女に目を向けると、お茶屋で話し込んでいます。「お茶代をまけてくれ」といっているようです。すると突然少女は、こちらに顔を向けニコッととびきりの笑顔を見せると、二杯のチャイを手に女性の元へ走ってきました。

そして「ビーオ（飲みな）」と、小さな汚れた手で、チャイを差し出してくれたというのです。人は助け合って生きる。

日本人は、忘れてしまっていないでしょうか。

不可思議を知り、受け止め、自然体で生きる。それが未来に伝える本当の財産だと、この話から思うのです。

人間の原点を考える

両忘《りょうぼう》とは、「両方を忘れる」。そういう意味ですが、この両方とはどこか?

それは、極端ということです。白黒、男女、善悪、生死というような二元対立した世界です。この対立を超えたところに、静寂《せいじゃく》なる平安がある。安心があるということなのです。

人は生きている以上、人生の中でさまざまな決断を迫られます。そしてそれは、そのときのその人の立場、状況で変化します。

だから仏教では、「無常《むじょう》」、常なるもの、変化しないものは無いといっているのです。また仏教では、中道ということもいいます。

中間が一番いい。いいかげんは、良い加減です。これは、お風呂をイメージすればいいのではないかと思います。

お風呂の適温は、人によって違います。一般的には、四十二度ぐらいがいいといわれますが、これは人によって熱いと感じる人もいればぬるいと感じる人もいるのです。ですから、自分の適温を知ることが大切です。

これと同じように、自分の能力をわかってする言動が、最大限にその人を活《い》かすことになるのです。

お釈迦様は、あらゆる苦行《くぎょう》といわれるものを試しました。そしてそれらは無駄でしかなかったとわかり、坐禅へと導《みちび》かれるのです。そして求めていた悟りを得るのです。

仏教、それは中道の教えということは、私も修行前から聞いてはいました。しかし実際に修行に入ったとき、その生活に、まったく中道じゃないじゃないかと思ったものです。それほど、苦しいものだったのです。

しかしそんな生活も、経験を積《つ》んでいくと耐えられるものになっていったのです。もちろん決して最後まで、楽なものにはなりませんでしたが。

そこで思ったのは、極端を知らなければ中道もわからないということです。毎日の睡眠時間が究極までけずられ、質素《しっそ》な食事。

これでも死なないんだと思ったものです。そして考えたのが、人間は限界までくれば、たぶん身体がブレーキを掛け、気絶するだろう。気絶しないということは、これは限界ではないということ。

普通の生活ではここまでやりません。自分で勝手に限界の壁をつくっていたことを思い知らされたのです。

こういう生活をして、初めてバランス感覚というものを身体を通して感じ取れたのです。


こんな話があります。

広島の片山悠貴徳君（小学一年生）の書いた作文を読みました。「いつもありがとう」という題で、病気で三年前に亡くなったお父さんに向けての報告です。

食べる量の増えてきた悠貴徳君は、お父さんの使っていたお弁当箱を使うようになります。それは特別なお弁当箱で、お父さんが毎日仕事に持っていったもの。天ぷら屋さんをしていたお父さんの仕事場を訪ねたときに、悠貴徳君にこっそり大好きなエビの天ぷらを揚げてくれた。そんなやさしくて強いお父さんに、このお弁当箱を使うことによって、自分も少しは近づける。そんな気がするというのです。

できることならもう一度、家族みんなで暮らしたい。でもそれは無理だから……。お父さんは、きっと空の上から見守ってくれているから。

さびしいけれど、家族のなかでたった一人の男の子だから、お父さんのかわりにお母さんと妹を僕は守っていくと誓《ちか》うのです。

そしてお弁当箱を貸してくれて、ありがとうと。

決してもらったとはいわないのです。借りたと。

大人になって親の遺産で兄弟喧嘩をするなどという話を聞きます。そして醜い争いを始める。幼い日の兄弟愛を思い出してほしい、その頃の本当の人間の心を忘れないでほしい。

親が稼《かせ》いだものは、自分のものではないのです。子供のほうが、そのことを知っている。

今の世の中、大人の打算やいびつな感覚が気になります。そして人間の原点を考えるのです。

本当の幸せとはなんなのか。子どもの感性にそんなことを学びました。

「任運自在《にんうんじざい》」とは、明《あき》らめること

行住坐臥《ぎょうじゅうざが》――「行」は、行為、行動。「住」は、住居での活動。「坐」は、坐ること。「臥」は、寝ること。つまり日常生活すべてのことを指している言葉です。

そのすべてが、禅から離れないということです。また別な言い方をすれば、禅とは生活そのものという意味です。

ですから、「**茶禅一味《ちゃぜんいちみ》**」――茶道と禅は一つとか、「**剣禅一如《けんぜんいちじょ》**」――剣と禅は同じなどの言葉も生まれてくるのでしょう。

今や、日本の禅は、世界の共通語といわれています。そしてよく外国の方にも、禅とは何かと聞かれることがあります。

しかし日本人のなかで、禅をちゃんと説明できる人が何人いるでしょう。坊さんの私でさえ、それをうまく伝える自信はありません。

言い訳をするわけではありませんが、禅は心の問題、精神性のことで、姿形のあるものではないからです。

ある高僧は、禅は日本料理のダシのようなものだといいました。それだけでは、うまくもなんともない。

たとえば味噌汁《みそしる》が、味噌をお湯で溶いただけではうまくもなんともない。しかしダシが入るとなんともいえない深い味合いになる。そんな縁の下の力持ち、決して目立《めだ》つものではないけれども、無くてはならないもの。

それが知らず知らずのうちに、日本人の根底に流れる血と肉になっている。そんな感じでしょうか。

茶道では「わび、さび」という言葉があります。また能では「幽玄《ゆうげん》」ともいいます。それぞれの道の大成者は、みな禅を学び、そこから体感して出た精神の表現です。

一つ事をするに当たり、それをよりパワーアップする。そんな精神の保ち方を教えるものといえるかもしれません。

禅は、日本の文化、芸術、武道など多岐にわたり影響を与えてきました。それはすべて生活と離れるものではなかったからです。

「**威儀**《いぎ》**即仏法**《そくぶっぽう》」ともいいます。日常の動作すべてが、仏法と寸分違《すんぶんたが》わない。いや仏法そのものであるというのです。

禅宗では、荒行や難行が修行とはいいません。日常生活のなかにこそ、修行があるというのです。そのことを自覚する時間となる機会を与えてくれるもの。それも一つの坐禅の意義といえます。

「**任運**《にんうん》**自在**《じざい》」といいます。禅の祖、達磨《だるま》大師は『安心法門』のなかで、「迷うがとき、人、法を逐《お》い、悟るがとき、法、人を逐う」と記しています。ここでいう法とは、自分を取り巻く事象すべてです。

自分勝手な主張や自然の摂理《せつり》にさからっているうちは、迷いから人はのがれられない。それは、悟りとは真反対の世界だと。

良寛《りょうかん》さんが大地震に見舞われたとき、心配した友人への返答で書いています。

「災難に遭《あ》う時節には災難に遭うがよく候。死ぬる時節には死ぬがよく候。これはこれ災難をのがるる妙法にて候」と。

これは災難にあわない方法を考えるなとかいっているのではありません。「なんでこんなことになったか」とか「こうしておけばよかった」とか恨《うら》み節をいっても、解決にはならないといっているのです。

あってしまった以上、もはやのがれようのないものには、正面からぶつかるしかない。そのなかにこそ克服への道があるのです。

運に任《まか》せて自在とは、まさにこれです。それこそが我々のいう「明《あき》らめる」ということです。

難しいことをいおうとしているのではありません。怒りを感じたら、自分の怒りを自覚すること。喜んで調子に乗っていたら、そこに気づくこと。この一時《ひととき》、自分を見つめられる心があることの気づきの先に「**任運自在**」があるのです。

このスタートラインに立つことは、決して難しいことではない。高僧だけの特権ではないのです。

そういう一つ一つの気づき、自覚を重ねていくうちに「**行住坐臥**」が、仏法となるのです。

私なども偉そうにいいながら、まだまだだと思います。しかしこのまだまだの自覚も、ひとつ悟りに近づくものだと信じています。

禅には、「**釈迦も達磨《だるま》も未《いま》だ修行中**」という恐ろしい言葉もあります。お釈迦様も達磨大師も亡くなってから後も、修行しているというのです。

修行には、終わりはありません。一歩一歩でいいのです。少しずつでも、自分の心を見つめる時間を持ちましょう。

そうすれば「**行住坐臥**」、だれが見ても美しい立ち振る舞いに自然となっていくでしょう。電車やバスの中でスマホばかりいじっている人や、鏡を見ながら化粧する若い女性も減るでしょう。

ちょっと皮肉みたいになっちゃいましたが、美しい日本人の姿を取り戻すことを切に願っているのです。躾《しつけ》とは、身の美しさ、という言葉もあります。

「呼吸」を見つめて二千五百年

阿吽《あうん》——今、一般的に使われる言葉として「阿吽の呼吸」というのがあります。この場合の意味は、スポーツや芝居などでぴったりと違和感なく、複数の者が連係して行動する状態をいいます。

しかしもともとは、古代インド語（サンスクリット）の音字で、「阿」は最初に発する言葉、「吽」は最後の言葉ということです。つまり究極。

またおもしろいことに、日本語の五十音「あいうえお」でも最初が「あ」、最後は「ん」です。とても不思議なことですが、やはり同じ人間、感性に通ずるものがあるのでしょう。

またお寺で見かける一対の仁王像も実は、それぞれの口の形が「阿吽」になっています。

そして神社の狛犬《こまいぬ》も沖縄のシーサーもみんな一方は口を開き、もう一方は口を閉じているのです。

口は、イコール呼吸です。人間は、呼吸しなければ死んでしまいます。

われわれのする坐禅も、重要な要素に呼吸があります。坐禅は、仏教を開いたお釈迦《しゃか》様以来現在まで、およそ二千五百年間続いています。つまり、二千五百年間、呼吸を見つめてきたわけです。

赤ちゃんは、生まれるとすぐ泣きます。泣かなければ、お医者さんが尻をたたいてでも、泣かせます。泣かなければ、その子は生命力がないということなのでしょう。だから、泣かせるのです。息を呼《は》くのです。

そして、人は亡くなるときに、息を吸い込むそうです。それを見て親族は、生き返ったと誤解するのだそうです。

生命の誕生は、まさにスタート。そして死は最後です。人は、満潮に生まれ、引き潮で亡くなると聞いたことがあります。私自身、それをたしかめたわけではないのですが、どうも動物は自然のサイクルのなかで生かされている……そんな気がします。

坐禅で私は、吐く息に意識し目を向けろと指導します。なぜそのようなことをいうかというと、吐く息は力を抜く動きだからです。

人間、息を吸うときは、腹、内臓に力が入ります。だから、力《りき》みを生みやすい。よく「過呼吸」といいますが、あれは息を吸おう吸おうとして、息ができなくなるのです。

ですから逆に吐くほうに意識をもっていくと、自然な状態に返ることができる。そうしているとだんだんと呼吸が整えられ、心の安定を呼び体調も整ってくる。「長息が、長生きに継《つな》がる」とはこのことです。

人は怒っているときや泣いているとき、呼吸が荒く乱れます。こういうときは、意識的に深呼吸をすると感情がコントロールできるようになります。

感情が高ぶっていると、冷静な判断ができなくなり、ふだん犯さないようなミスを犯してしまうなどということもあります。

そのことから考えると「呼吸をつかむ」ということは、「コツを身につける」ということなのです。

呼吸を利用することは、その人の持っている力を最大限に発揮できる状態をつくることです。スポーツでも、ピアノの発表会や会社のプレゼンでも、呼吸は役に立ちます。大事な場面で、頭に血がのぼって実力を発揮できなかったなんて経験をおもちの方もいると思います。

こんな呼吸の仕方を覚えておくと、きっと人生で役に立ちます。

こんな話を新聞で読みました。

百年も前のことですが、当時八歳だったアメリカの女の子、ヴァージニアちゃん。クリスマスが近づき、サンタクロースが来ることを楽しみにしていました。

しかし彼女の友達は、サンタはいないというのです。彼女は信じられませんでした。そこでお父さんに聞いてみると、お父さんは「『サン新聞』にそう書いてあるならそうだろうね」と、なんともはっきりしない答え。

どうしても納得のいかない彼女は、『サン新聞』に「本当にサンタクロースはいるのでしょうか？」という手紙を送ったのです。

社説を長年書いていたベテラン記者、フランシス・チャーチ氏はその手紙に返事を書き、またその記事を許可をとり社説に発表したのです。

世の中に、愛する心や人への思いやり、敬虔《けいけん》な気持ちがあるのと同じように、サンタクロースも確かにいます。

愛や思いやりの心が、あなたの毎日を美しく、楽しいものにしてくれていることを、あなたも知っているはず。

それなのに、もしサンタクロースがいなかったら、この世はどんなに暗く、寂しいことでしょう！

それは、ヴァージニアちゃんがいない世界と同じくらい、寂しいものに違いありません。

サンタはいないって？　ありがたいことに、彼は確かにいて、また永遠に生きています。今から千年後、いや今から一万年の十倍先の子どもの心にも、彼は喜びを与え続けるのですよ。

ヴァージニアちゃんと記者、阿吽の呼吸です。世界は一つだなぁと感じます。

「本来無一物《ほんらいむいちもつ》」の心境

八識《はっしき》田中に一刀を下す——この語は、かの白隠《はくいん》禅師（臨済宗中興の祖）が口癖のように使われたもので、私も修行中、老師（高田明浦《たかだみょうほ》大徳寺管長）の提唱（講義）の折、何度も耳にしました。

特に真冬の一番寒い季節、気持ちがなえそうになったとき、この語に力をいただいた覚えがあります。

基本、私は理屈をいうのは好きではありません。そしてこの語はまさに、その理屈を超えよということをいった言葉です。

しかし矛盾するようですが、この真意を知るためには、「八識」という理論を説明しなければ、話は進みません。

まず、五識です。これは五官（目・耳・鼻・舌・身〈体〉）の認識作用です。美しい自然の情景を見ること。小鳥のさえずりを聞くこと。線香の薫《かお》りをかぐこと。おいしい物を食べること。寒さ、暑さを感じること。

これらは、すべて感覚によって経験し、そのことを元にして、すぐにはたらく心となります。

次に、思考の世界である第六識。人間は過去や未来を考えたり、善い行為に共感を覚え、悪を憎みます。このことにより客観と主観というものが一応成立することになります。

しかし、それ以外にもまだあります。それが第七識です。これはサブ的なもので、主人の利害を忘れないように、損得を離れません。

古歌にある「泣く泣くも良い方をとる遺品《かたみ》わけ」とか「家《うち》の坊ちゃん、隣のガキ」ということです。迷いの心を我（自己主観の中心）と認めているのです。

さらに第八識。これはアラヤ識とも呼ばれるもので、アラヤとは蔵のこと。ちなみにヒマラヤとは、ヒマ（雪）を蔵し（アラヤ）た山という意味です。

これは経験と知識を貯《たくわ》える蔵であり、いわゆる個性、自我のこと。人はそれぞれ違う経験をしているから、人にも違いがでてくるということです。

おさらいすると、目や耳や鼻や舌や身はただ前にある境界を映し、第六識の分別する心、第七識の自己中心が入り込み、第八識に従ってはたらいていきます。

これがこの世は、「唯だ識（心）」によってつくられているとする『唯識論』です。

この八識に一刀を下す。一歩さらにふみこめというのが、白隠禅師のおっしゃっていることです。

キリスト教では、「幼子のような心にならなければ天国へ入れない」ともいいます。仏教でも「赤子のような心」ということもあります。

ですが白隠禅師は、「赤子でもだめだ。なぜならそこに親の遺伝を受けているから、その生まれぬ先がいい。一点の経験にも染まらぬ先の純粋な心にならねばいかん」というのです。

禅問答（公案）では、これを「父母未生以前、本来の面目」（お父さん、お母さんの生まれる以前のあなたの心は？）といっています。

その心こそ、第九識。「**自性清浄心**《じしょうしょうじょうしん》」「**大円鏡智**《だいえんきょうち》」、悟りの心、仏心ともいいます。

お釈迦様が八識を説かれたとき、「人々はこの世界が自分の心（識）によってつくられたものであるということを知らない。これは始めもわからぬ遠い昔から迷いがしみついて物に執着するからである」といわれたといいます。

迷いがしみついていないというのは、本来一物も無い「本来無《ほんらいむ》一物《いちもつ》」という心境です。鏡の前に男が立てば男を映し、女が見れば鏡も女、自分と他人の区別もありません。泣けば鏡も泣き、笑えば鏡も笑います。

相手の悲しみは自分の悲しみ、相手の喜びは自分の喜びです。まさにこれこそ仏の心、慈悲《じひ》ということです。

少し難しいことを書いてしまいましたが、第何識などと覚える必要はありません。ただ仏教哲学というものでは、こんなことをいっているのだということを知ってもらえればと思い記してみました。

今、このときを全力で生きる

看《み》よ看《み》よ臘月《ろうげつ》尽く――『虚堂録』にある語ですが、「臘月」とは十二月。われわれ禅僧にとって、十二月は最も恐ろしい時期です。

なぜかといえば、修行僧にとって十二月は「臘八大接心《ろうはつだいせっしん》」があるからです。「臘八」とは、十二月一日から八日鶏鳴《けいめい》（明け方、にわとりの鳴くころ）まで、ひたすら坐禅を続ける修行です。

これは、お釈迦様がこの期間座り続けてお悟りを開かれた、その故事に倣《なら》ったものです。

ですから、全国の禅の修行道場では、皆これを行います。真冬の寒さに負けないよう、坐禅堂のすべての窓を開け広げ、雪が吹き込むなか、勇猛心をもってこれに臨《のぞ》みます。

そして眠らないように巡警（棒をもって叩いてまわる僧の役）も、ふだんの倍の人数になります。まさに地獄。雲水（修行僧）殺しの接心といわれるゆえんです。

「今悟らずにいつ悟るのだ」と足元に火がつき、猶予《ゆうよ》を与えない環境。「光陰《こういん》　矢のごとし」。それが臘月だと鋭《するど》く迫《せま》るのです。

宋時代の朱熹作ともいわれる詩を思い出しました。

少年老い易く　学成り難し
一寸の光陰　軽んず可からず
未だ覚めず　池塘春草《ちとうしゅんそう》の夢
階前の梧葉《ごよう》已《すで》に秋声

およそ人間は、自分はまだまだ若いと思っていても、いつの間にか歳をとってしまう。それなのに、道はなかなか成就《じょうじゅ》することはできないのです。だから時間というものを大切にしないといけない。

たとえていうならば、春の草が池の周りに青々と繁《しげ》っているなどとボーッとして見てい

るうち、気がつくといつの間にか、家の前の梧桐《ごどう》の葉が秋風に揺れている季節になってい
た。

われわれは、「時は命」などといいます。確かにそうなのだけれども、はたしてどれほどの人が本気でこのことを自覚しているのでしょうか。

人生も長いなどと思っていると、もうすぐそこが終着点だなんてことが起きてしまう。そしてその終着点がいつなのか、それさえもわれわれにはわかりません。

禅では、過去や未来に捉われない生き方、それを「即今《そっこん》、唯今《ただいま》、この瞬間」などといいます。

さきのことはわからない。だから、そのときそのときに全力で対応するしかないのです。だれでも人生のなかで、後悔することもあるでしょう。私とて同じです。だからこそ、過去を変えられないのだから、今を活かす生き方をするしかないのです。

今、こうして現代という時代を日本という国で過ごせる幸せ。ひと昔前であれば、日本でも戦争をしていたのです。

また現代であっても、北朝鮮や、イスラム国と対峙する地域であれば、日々命の心配を

しなければいけない状況にあります。

夢や希望を自由にもつことができ、自分の好きに使える時間がある。そんな環境を与えられているわれわれは、もっともっと真剣に本気で生を享受《きょうじゅ》しなければならないと思います。

そんな環境を自覚し、その環境に感謝が生まれたとき、「**看よ、看よ、臘月尽く**」の心がわかると思います。

「看よ、看よ」とは、強制ではありません。いたずらに焦らせているのではないのです。大いなる慈悲心から「よく看なよ、看なよ」といっているのです。

第３章　ひたすら独りで歩む

権力に屈せず純禅を貫く

夢――「夢」というと、そこにいくつかの意味があります。夜寝ている間に見るのも夢ですし、希望や願いをいうこともあります。また幻覚を夢ということもあります。

以前、京都大学の教授でアメリカ人の宗教学者カール・ベッカー先生の話を聞いたことがありました。先生の研究テーマは、大変ユニークなもので「臨死体験」というものでした。

そうです。一度あの世へ行きかけてまた戻ってくるというあれです。その体験者に会って聞き取り調査を行う。すると多くの共通点が見いだせるのです。

まず川やお花畑が出てきます。そして亡くなった親族が出てきて、「帰れ」という。またトンネルをくぐったなどの話も……。

またこういう体験をする人は、寝ていたときに多くの夢を見ていたというデータもあるそうです。だからといってそれが現実ではないと、私はいいたいわけではありません。

私もそこまでではないのですが、死にかけた経験をもっています。小学生の頃、川でおぼれ流されてしまったのです。そのとき、確かに今までの人生が走馬灯《そうまとう》のように巡ったという経験をしたのです。一瞬の間だったと思います。話には聞いていたけれど、そういうことってあるんだと。

すべてを理屈では、語れない。

禅では、「夢」は執着を離れ悟ること、知識を離れた自由自在の境地をいいます。

さて、「夢」といって思い出すのが、沢庵《たくあん》和尚です。和尚、人生最後の言葉が「夢」。

沢庵和尚は、沢庵漬けをつくった人とか、宮本武蔵《みやもとむさし》の師という伝説もあります。

しかしその実状は、修行一筋の枯淡《こたん》な隠れた名僧でした。沢庵は、名誉なことである大《だい》徳寺《とくじ》の住持《じゅうじ》を三日で辞しています。一説によると、ここから「三日坊主」の語が生まれたともいいます。

そんな禅僧を有名にしてしまったのが、「紫衣《しえ》事件」です。少々説明を加えなければなりませんが、臨済宗には五山と林下といわれるグループがあります。

五山は官寺制度のなか、幕府の保護と統制を受けていました。つまりぶっちゃけていえば、金をやるからいうことを聞けということです。

対して修行専一、誰の指示も受けないという姿勢をとったのが、大徳寺、妙心寺《みょうしんじ》だったのです。貧乏しても権力に屈しない。

おもしろくない幕府、そこで家康《いえやす》の片腕、金地院崇伝《こんちいんすうでん》（五山派の僧）らによって「大徳寺等法度《はっと》」が発令されました。

人生五十年といわれる時代に、最低三十年以上修行しなければ、大徳寺・妙心寺の住職にはなれず、それまで許されていた紫衣を着られない、という理不尽極《りふじんきわ》まりない法律です。

権力を恐れる僧も多い中、沢庵を中心とした数名の僧は、激しく抗議したのです。江戸によばれた沢庵は、幕府側の人間に、理路整然と反論します。しかしこのことがなおさら怒りを買うこととなり、流罪（島流し）となるのです。

これを知った後水尾《ごみずのお》天皇は、この処置を不服として譲位《じょうい》までしたのです。この話は、またたく間に、庶民の耳にも入りました。

そして、そのことがそれまでまったく無名だった沢庵の名を世に知らしめることとなってしまったのです。

大徳寺の開山、大燈《だいとう》国師はいいました。

仏道を修行するために、皆集まったのだ。衣服や食べるためじゃない。野菜クズを食するような生活をしていても、ひたすら坐禅をして努力精進する者こそ、私の弟子であり同志なのだ。それこそ本当の恩というものを知る仏教者なのだと。

純禅、この精神を沢庵は死守したのです。

その後、沢庵は恩赦《おんしゃ》となります。そして家康の孫、家光《いえみつ》と会うことになります。沢庵自身は会いたいとも思わなかったのですが、弟子柳生但馬守《やぎゅうたじまのかみ》のたっての希望でした。会うと家光は、沢庵に魅了《みりょう》されてしまいます。そしてどうしても自分の近くへ来て、相談役を務めてほしいと願います。さらに勝手に江戸に東海寺という、沢庵を住職にするための寺まで建ててしまうのです。

将軍にここまでされてしまった沢庵は、やむを得ず東海寺に入寺します。そしてここが終《つい》のすみかとなるのです。

最後、沢庵は「夢」の字を大書し筆を投げ捨て、将軍のお膝元《ひざもと》で亡くなります。権力との融合を最もきらった禅僧沢庵が。


人生は夢のまた夢。人生を夢と観ずれば、一切の営《いとな》みは虚飾《きょしょく》です。そんななかで沢庵にとって人生唯一の真実が、仏道を歩み続けるということでした。

沢庵はいいます。「出家者が人から施《ほどこ》し物を受けるのは、道を修行しているからです。道心もなく修行しない僧は、出家者とはいえず、檀家《だんか》から施し物をもらう資格はありません」と。人生は、まさに夢です。

達磨《だるま》大師が喝破《かっぱ》する功徳《くどく》の意味

禅宗の祖といわれているのが、達磨《だるま》大師です。その達磨大師の言葉が「無功徳《むくどく》」。話の概要は、こうです。

インドから中国へ渡った達磨は、まず梁《りょう》の武帝に会います。武帝は、仏心天子《ぶっしんてんし》といわれるほど仏教を擁護《ようご》した皇帝です。

「私は、即位以来多くの寺院を造り、お経を書写し、僧侶も大切にあつかってきた。こんな私には、どんな功徳があるだろうか？」

達磨は即座に「無功徳！」と。

一般的にみれば、身もフタもない答えです。実際、この質問を発した武帝は、「すごい功徳があります」という答えを間違いなく期待していっていたと容易に想像できます。

そして達磨は、さらに追い打ちをかけるのです。

「では仏法の根本義、一番重要なところはどこにあるのか？」との質問には、

「廓然無聖《かくねんむしょう》」。

「廓然無聖」とは、一点の曇《くも》りもない晴れ渡った空のように、そんなものは一つもないといっているのです。

そして、

「では、今私に対しているのは誰か？」

という質問には、「不識《ふしき》！」。

「不識」とは、知らん。

一国の皇帝に対して、まったくつき放したような表現。聞いているほうが心配になってしまいます。

しかしこれは、大徳寺の開山様（大徳寺を開いた方）大燈国師が後醍醐《ごだいご》天皇と交わした会話にも通じます。

「仏法とは不思議なものだな。王法と対座するとは？」

「王法とは不思議なものですね。仏法と対座していると思っているのですから」

仏法の気概《きがい》を示しているのでしょう。

達磨は、この会話の後、揚子江《ようすこう》を渡って魏《ぎ》の国へ行ってしまうのです。

まだ梁の国では、仏法を広めるには機《き》が熟《じゅく》していないと。

達磨は、何をいいたかったのでしょう。禅宗では、「仏法《ぶっぽう》に不思議無し」といいます。いいことをしたから、お金持ちになれるとか病気が治るなどとはいいません。

新興宗教のなかには、そのようにいって勧誘するものもあると聞きます。しかし禅宗では、お金持ちにはなれないかもしれない。でもお金持ちになれなくとも、心穏やかに生きる道はあるのですよ。病気は治らないかもしれない。それでもそのなかにあって、心穏やかに養生《ようじょう》する道はあるのですよと伝えます。

もちろん穏やかに生きているなかで、お金持ちになったり、病気が治ることもあると思います。しかし、すべてそうなるとは、決していいません。

たとえば武帝は、お寺を建てたり、お経を写す時間があったり、僧侶を養う財力もありました。だからそのようなことが可能だったわけです。

そのような環境にある自分の境遇《きょうぐう》に感謝すべきだし、帝であることによって善行を施すことで安らかな心持ちになれた。その心になれたことこそ、本当の功徳じゃないかということなのです。

そこのところが武帝には、まだわからなかったのです。

人の為と書いて「偽」という字になってしまいます。

善行を行える、もうそれだけでありがたい。褒《ほ》められたいは、自我の表れです。そこにつけこみ、煩悩が起こる。

「私が、私が」では、心がくもる。私という字の中に、仏がうずもれているのです。

私という字から、三本を取る。すると仏が表れます。坐禅とは、この三本を取る作業です。

正しいという字は、一度止めると書くのです。一度立ち止まって自分を見つめる。そこに真実の自己があります。真っ白な心とは、そのような心です。

七転び八起きや起き上がり小法師、「ダルマさんがころんだ」など、一般にもなれ親しまれている達磨。

先ほどもいったように、達磨はインドの人です。しかし日本で親しまれているダルマは、目玉が飛び出したしもぶくれの愛嬌《あいきょう》のある顔をしています。

われわれの知るあの美しいインド人の様相とはかなり違います。不思議に思いませんか。

実は、インドから中国へ渡った達磨は、当時としては仏教の新しい流れをもちこんだ新興宗教の布教者です。

さまざまな試練にあっていたのです。今の日本人も新興宗教には、警戒しますよね。そういうことが、当時の中国であったのです。

なかには、食事に毒を盛る者までいました。それであのような顔になったというのです。命掛けの布教、苦難の果てにできあがった容姿だったのです。

そんなことを知っていただけたら、またダルマも違って見えませんか？

他に煩《わずら》うことなく没頭する

茶を摘《つ》んで更に別に思量《しりょう》すること莫《なか》れ——茶葉を摘んでいる姿は、まことに閑《しず》かなものです。私も修行時代、茶摘みというのを経験しました。

大徳寺の修行道場では、ふだん飲む番茶は自分たちでつくっていました。手摘みの茶摘みは力のいる作業ではありません。しかし、その後の作業がけっこう手間です。僧堂の場合は、摘んだ茶葉は、鉄ナベの中に新聞紙を広げ、茶葉を入れて数段の層をつくります。

そして煎《い》っていき、その後ワラゴザの上でもんでいきます。水分がまだあるようなら、それを数回繰り返します。

私がこの茶摘みの作業のなかで、今も印象に残っていることがあります。茶葉を煎るときにかなりの蒸気が発生します。それを知らず知らずのうちに吸い込んでいたのです。そのときは、意識していなかったのでわからなかったのですが、夜寝られないのです。修行時期の間は、慢性の睡眠不足です。いつもなら横になった瞬間に寝てしまいます。それがなぜか寝られません。しかもそれが三日ほど、続きました。

そこでその原因がどこにあるか考え思い出しました。あの蒸気のなかのカフェインというのは、想像以上のものだったのだと。

前置きが長くなりました。「**茶を摘んで更に別に思量すること莫れ**」は、『聯頌集《れんじゅしゅう》』に出てくる語です。そしてさらに対句として「**処々に分明なれば、是れ道場**」と続きます。

茶を摘むとき、一心不乱にその行為に没頭し、他のことを考えることはありません。それはちょうど幼き日にした公園での砂遊び、トンネルを何も考えずに作っていたあの心に通じます。まさに無心ということです。

自分の今すべき仕事、それが明確であるならそれはすべて修行の場となるのです。

以前に紹介した「**随所《ずいしょ》に主と作《な》れば立所《りっしょ》皆真なり**」でも、今自分のいる場所で主人公になれば、そこがそれこそ真実の場であるということと同じです。そして「**歩々是道場**《ほほこれどうじょう》」。今歩んでいる場所が、まさに修行の場であるということです。

他のことに思い煩《わずら》うことなく、そのものに集中する。するとそこに自然と楽しみも生まれ、生きがいを感じることができます。

生きがいは、他人に与えられるものではありません。自分で発見して、初めて感じることができるのです。自分の肌で実感し、身体《からだ》を使って理解します。

禅寺では、作務《さむ》などの仕事を「把住《はじゅう》」といい、遊びを「放行《ほうぎょう》」といいます。また、「めりはりを大事にしろ」ともいわれます。

修行中、私が感じたこととして、仕事中に遊びのことを頭に浮かべると楽しくありません。また遊びのときに、仕事のことを考えれば、仕事が気にかかり、どちらも中途半端になってしまうということがありました。

そこで、遊びのための仕事ではなく、仕事をするための遊びと考えることによって、両方に集中できるようになったのです。

人それぞれの価値観は、違います。だから自分の心の内を見つめます。それで気づいていくのです。

ナチスのユダヤ人大虐殺で、アウシュヴィッツの牢獄に投じられたオーストリアの精神科医ヴィクトール・フランクル先生は、日々人が虐殺される状況のなか、奇跡的に助かりました。そしてその経験から、人間が極限に追いこまれたときの人間性を解明することに命をかけました。

凄惨《せいさん》な場で、なおパンを分け合いかばい合う純粋な人間性、これを「超越的無意識」と名づけています。この心が現れるところ、それが地獄のなかであっても、そこが道場となり得ることを教えているのです。机上《きじょう》の観念論《かんねんろん》では、決して理解できないところです。

往年のプロ野球の大投手、四百勝の金田正一さんが語っていたことを思い出しました。若い選手に野球技術を教えると、やってもみないで「先輩、どうしてですか、なぜですか」と理屈を先に聞きたがる。ぼくはいってやるんだ。

「野球は口で教えて、耳で聞いてわかるものではない。身体で覚えるもの」だってね。「なぜ、どうしては、ぼくに聞かずに自分に聞け！　いつか、必ずわかるときがくる。それをしないと、いつまでも身につかんぞ」ってね。

どの世界でも一緒です。体感してわかるというものがあります。禅の大家・白隠《はくいん》禅師のいう「**動中の工夫、静中《じょうちゅう》（坐禅）の工夫に勝ること、百千億倍**」とは、このことです。

頭では身につきません。身体で覚えていくことを禅は教えます。学者ではなく、行者になることです。

何十年もの積み重ね

「**工夫**」は、仏教用語としてつねに努力し、心を研《と》ぎすますという意味で使われます。また禅では、坐禅することを「**静中の工夫**」、作務《さむ》（労働）を「**動中の工夫**」などと表現します。

私はそれぞれの道のプロといわれる人は、人の見ているところだけでなく、人知れず努力精進《しょうじん》しているものだと思います。

体操選手が人のマネのできない演技をいとも簡単にやっているように見えますが、実はその陰で大変な苦労をされている。苦労、努力しているからこそ見いだせるようになるところ、それが工夫だと思います。

今の世の中は、すべてにおいて目まぐるしい早さで動いていきます。ですからいかに効率よく仕事を片付けていくかが、求められます。たしかに仕事が早いということは、大変いいことです。

しかし、手間ひまを掛けなければ、わからないこともあるのです。

刑事は一つの事件が起きたとき、現場に行かなければ気がつかないこともあるといいます。足を使ってわかることがあると。

禅でも、坐禅だけではダメです。行動、行為のなかで気づくものもある。それが「**動中の工夫**」です。

私も経験上、思ったことがあります。坐禅をずっとしていると、身体《からだ》を動かしたくなります。坐禅時間中はそんなことはできませんから、それがあきらめになる。「あきらめ」とは、「明《あき》らかになる」ということでもあります。

その後、労働の時間になると、動くことの喜びがあふれ出るのです。爆発した動きになる。こういうことをくり返し、静と動のメリハリができる。

それぞれに存分にひたれるようになるのです。動くときはひたすら、座るときもひたすらというように。自分のつたない能力だけど、自分のなかの最大限の能力が発揮できるようになるのです。

私は、寺の住職になり、初めは悩んだことがあります。それはお葬式などの御布施《おふせ》って、異常に高くないかと。世の中の人の給料にくらべ、申し訳ないような気分になったのです。

しかし、ある本で見つけた話に救われました。

ある有名な彫刻家に、一人のお金持ちが作品制作を頼みました。そしてその作品を半年がかりで仕上げたのです。

そして、その金持ちに作品代金を請求したのです。しかしその代金はべらぼうで、半年でできる仕事のわりに高いと依頼者は言いだしました。

対してこの彫刻家は、この作品そのものにかかった時間は半年かもしれない。しかしこの作品をつくる前の土台をつくるまでに、何十年という苦労、積み重ねがある。これらのことを勘案して出した金額ですと。

そう考えれば、私みたいな者でも僧侶としての修行や経験は数十年にも及びます。そしてそのすべてをつぎこんだ発露《はつろ》としてのお経ととらえればいいのかなと思えてきたのです。

声の出し方、大きさ、節回しなど、一般の人はお坊さんのお経を、比較することはないでしょうけれど、それらの工夫の上につちかわれ成り立っているお経なんですと。

日本は、世界に誇る自動販売機王国です。街じゅう至る所で、これを目にすることができます。私なども随分《ずいぶん》、この恩恵にあずかっていると感じています。

なかでも私はコーヒーが大好きなのですが、ここで思い出しました。

夏はアイス、冬はホットは、今や当たり前ですが、この冷温兼用の自動販売機を開発したのが、ポッカの創始者である谷田《たにだ》利景《としかげ》さんです。

ある冬の寒い日、名神高速道路を移動していた彼は、養老サービスエリアに立ち寄ります。そこで目にしたのが、寒空の下で休憩していた長距離トラックの運転手さんたちでした。

彼らは、時間に追われて仕事しています。ゆっくりしている時間もそうそうありません。そこで自販機の冷たいコーヒーを急いで飲んで、出発していくのです。

その姿を見た彼は、この状況をどうにかしたい……そう考えたのです。そしてそこから生まれたのが、冷温兼用の自動販売機だったのです。開発して日本で初めてこれが備えられたのが、この養老サービスエリアだったといいます。

谷田さんは経営者ですから、当然会社の利益を考えたでしょう。しかし彼が成功した大きな要因は、お客様側の目線というものを持っていたからです。

物を提供するということは、それを自分がいいと思うからでしょう。しかしそのいい物がいい物と伝えられなければ、それは人にはわかりません。伝える工夫が必要なのです。そのためには、その物に真剣に向き合っていなければ、その発想は生まれてこないのです。

そしてそれは、物だけではありません。より充実した人生を歩みたい。それは誰もが思うところでしょう。

一つの事柄を追求し深めていく作業、これが自分にも人にも喜びを与えてくれる。そこに沸き出してくるものが、工夫というのです。

最大の道具は自分の身体《からだ》

「道具」といえば、大工さんのカンナやノコギリ、そんな物をまずイメージするのではないでしょうか。

しかしながら、本来はこれもやはり仏教の言葉で、仏道を究《きわ》めていくために具《そな》えるものを「道具」といいました。

仏教が始まったインドでは、具体的には三種の衣、鉢（食事や托鉢用）、坐るときに用いる坐具、漉水嚢《ろくすいのう》（水を漉《こ》して飲む水筒）の六種でした。それがアジア各国に広がるなかで、さらに数も増えていったのです。

ちなみに、必要以上の物を「無用《むよう》の長物《ちょうぶつ》」といったのです。

私が修行中感じたことは、道具、つまり仏道を学ぶ根本は身体だということです。外にある器具ももちろんある程度必要です。しかしそれらを使いこなすにも、まずに健康なこの肉体がなければ如何《いかん》ともしがたい。ですから、最大の道具は、自分自身のこの身体だと。それが修行中に思ったことです。

明治時代の中頃に生まれた中村久子さんという方がおられました。家は飛驒《ひだ》高山《たかやま》の方で、貧しい畳屋《たたみや》さんだったそうです。

三歳のとき、脱疽《だっそ》という病気になってしまいます。手足の先が腐るという恐ろしい病気です。その進行が止まったのは、彼女の手は肘《ひじ》から先はなくなり、足は膝《ひざ》から下が無くなったときでした。

さらに不幸は続き、父親は流《はや》り病であっけなく亡くなります。主人に先立たれ、手、足のない子どもを抱えた母親は、途方にくれました。

そして新たな家に嫁《とつ》いだのです。そしてそこも畳屋さんでした。嫁いだ近所の人は「今度の後添いは連れ子がいて、その子は達磨娘だ」とうわさしたのです。

その家の子である義理の兄弟もまた、食事で手を使えない久子さんを猫だ、犬だとはやし立てたといいます。さらに今度の主人は、「この子は育てても役に立たない。大きくなっても、働きにもいけず、金も家に入れられない。さきの楽しみもない」といったのです。母親は、食事のたびにその愚痴《ぐち》を聞き、賃金を得るため外に稼ぎに出ました。その間、久子さんは母方の祖母にあずけられたのです。祖母は裁縫《さいほう》をなりわいとしていましたが、そのうち、久子さんも口を使って真似事《まねごと》を始めます。そしてお手玉が縫《ぬ》えるようになりました。

外で遊ぶことのできなかった久子さんは、当然友達はいません。

久子さんは、外の子に「お手玉あげるから遊んでちょうだい」と頼みました。すると近所の子は、「久子のお手玉はいらん。つばがついて汚い」といったというのです。

九歳のとき、久子さんは眼が見えなくなります。母はこのとき、ついに気持ちが切れます。

彼女を背負い、身投げをするため川へ向かいました。その気配を感じた久子さんはいいます。

「いい子になるから、どうか死なないで、なんでも聞くから、いい子になるから」と。

久子さんは、何も悪くないのです。子どもは何かあると、必ず我が身に引き取り、自分を犠牲にして必死で謝ります。そんな謝り方しかできないのです。

さすがにこの言葉に、母もそれを押して死ぬことはできなかった。しかしそれ以来、徹底的に久子さんの世話をしなくなります。自力で生きる能力を身につけさせるために。心を鬼にしてそうしたのです。

食事も洗濯もやりました。水は井戸水です。手足がない久子さんが、どうやって井戸水をくんだのか、想像を絶します。

十九歳で、名古屋の見世物小屋に自分で出ていきます。一番美しく見せたい年頃なのに、人の目に自分を晒《さら》し、見世物として縫《ぬ》い物や洗濯を見せたのです。

この頃、アメリカでヘレン・ケラー女史が活躍されていました。三重苦（目、耳、口）の聖女と呼ばれ、やはり大きな不幸を背負って生きられた方です。

しかし、ケラー女史と久子さんは、生まれ落ちた環境が大きく違っていました。ケラーは両親の深い愛情によって、多くの教育も受けることができたのです。

そんなケラー女史が日本にやってきました。日比谷公会堂で、講演をされる。それを迎える日本側の役に久子さんを抜擢《ばってき》したのです。

当時、日本には障害者の名簿さえもありませんでした。見世物小屋にいたため、彼女は目立っていたのです。

久子さんに会ったケラー女史は、彼女を抱きしめ「あなたは私より素晴らしい。あなたはこの世の奇跡だ」といったといいます。

以来、久子さんも国内の講演活動を始め、幸せな余生を生きました。彼女の詩に「ある、ある、ある」というのがあります。

彼女こそ、この肉体という武器があることをよく知る人だと思います。まさにこれこそ生きる証《あかし》を示すもの、身体を道具として活用した好例だと思います。

食べることは修行のための良薬

一日作《な》さざれば一日喰《く》わず――大変よく似た言葉に「働かざるもの、食うべからず」というのがあります。しかし同じことをいっているようで、実はかなり違います。働かざるもの、食うべからずは、キリスト教の言葉だと聞きました。つまり食うべからずといっているのは、神です。神が与えた罰、神が食うことを許可しないということです。対して仏教の一日喰わずとは、自分自身の取り決めです。他ではなく、自分が律《りっ》して食べないと宣言しているのです。

この話を語ったのは、百丈《ひゃくじょう》和尚といわれています。禅宗の生活様式の規矩《きく》（規則）をつくられた方といわれています。

お釈迦様の時代から修行は、三人以上ですることと決められていました。それを僧伽《さんが》といいます。

つまり集団生活が、修行の基本でした。当然、集団生活ですからその修行をやりやすくするため、一定のルールが必要になってきます。そういうものが歴史の流れのなかで、徐々につくられていきました。

百丈和尚は、それを具体的に明文化したということです。

百丈和尚は、晩年八十歳を過ぎても、若い修行者に交じり、畑仕事や薪《まき》割りを続けていました。まさに自分を律する姿を若い僧に示していたのです。

しかしそんな姿を見かねた一人の修行僧が「もうやめてください」と百丈に訴えました。それでも百丈和尚は、やめようとはしません。

弟子たちは、百丈の体を気遣《きづか》ったのです。そしてどうしてもやめない百丈を見て、百丈の使う農具や斧を隠しておいたのです。

すると百丈はそれを見て、しかたなく自分の部屋に帰っていきました。そしてそれ以来、いっさいの食事を取ろうとしなくなったのです。

心配した弟子は、声を掛けました。

「どうして食事をされないのですか。体調でもお悪いのですか」と。そこで百丈が答えたのが「**一日作さざれば、一日喰わず**」の語だったというのです。

しかたなく弟子たちは、道具を戻しました。

われわれは、その人のためによかれと思いアドバイスや指導を行うことがあります。しかしその人は、なかなか言うことを聞いてくれない。それは、その人がそのことをそれほど重要と思っていなかったり、小言ぐらいにしか感じていなかったりするからです。

その人が本当に必要と感じて、初めてそれは活かされることになるのです。自覚があってこそ活きるということです。

修行も初めは決められた規則を守ることに必死になります。ともかくそのルールをマスターすることだけで、他に余裕はありません。

そしてそれは、とても辛《つら》いことです。それは自分が望んで作ったルールではないからです。強制だからです。

しかし慣れるとそれは、もう日常になります。苦痛と感じなくなります。できないと勝手に思っていたことも、やればできるんだと思えてきます。するとと多少なりと、心に余裕が出てくるようになります。修行とは、困難に立ち向かうこと。そう考えると、今度は最低限のルールの上に自分の目標を掲《かか》げるようになる。これを、戒《かい》と律《りつ》といいます。戒は自発的な心の働き、律は他律的な規範です。他律的とは、強要されたもの。対して自律的なものは、喜びになるのです。究《きわ》めていくこと、自分の目標を持ち一歩一歩向上していく。それが生きがいにもなるということです。この二つは、まったく別のものに見えます。しかし実際には、両輪のような存在です。きまりがなければ、それを超えていくものは生まれないのです。芸事でも「型を知らなければ、型破りはできない」といいます。

われわれが食事のときに読む『五観文』というお経があります。禅での食事に対する考えがよく示されているので、要約します。

食事は多くの人の苦労、天地の恵みによって与えられています。そのことに感謝します。自分の行いがこの食事にふさわしいか反省します。

食事に対し貪《むさぼ》ることなく、まして好き嫌いなどいいません。
食事は命を保ち、修行するための良薬と心得ていただきます。
日々の行いから真の平和、安らかなる心を得るためにいただきます。
食事がないと人間は死んでしまいます。
しかしそれは、人々のためになることをこの肉体を通して行じていくためにある。
決して快楽のための食事ではないと。禅の厳しい姿勢を垣間見ることができます。
飽食《ほうしょく》の時代といわれる今の日本、あえてリセットするため厳しい言葉を挙げました。

戦国武将の命がけと禅信仰

「醍醐味《だいごみ》」を辞書で引くと、如来の最上の教えというものと、本当のおもしろさと出ています。現在日本のなかで一般に使うのは、この二つ目を指していると思います。

しかし仏教用語のルーツを見ると、牛乳の精製過程に五味があり、その最上の味をいうとのことです。

ちなみに五味とは、乳《にゅう》、酪《らく》、生酥《しょうそ》、熟酥《じゅくそ》、醍醐《だいご》だそうです。

インドでは、牛は神の使いだから、牛の乳というのは特別なものと考えたと想像できます。仏教では、お釈迦様が肉体的苦行は無益だと知って（修行を中断し）村におりてきたとき（断食行だった）、体力と気力のおとろえを救ったのが、村の娘スジャータのささげた「乳粥」というものだったといわれています。

ただしここで誤解しないでほしいのですが、断食行が無駄だと私はいっているのではないのです。仏教の教えでも、断食行の有効性はいわれているし、健康の面からみればメリットもたくさんあります。ただこれだけでは、悟りに至らないということなのです。

それからお気づきの方もいると思いますが、日本のコーヒーフレッシュに「スジャータ―」というのがありますが、これはこの村の娘の名から命名したものです。

われわれはカタカナ文字の言葉は、知らず知らずのうちに西洋のものとの認識をもってしまうけれど、こういうものは結構多いのです。

実際、「カルピス」は、この醍醐味からきた命名です。醍醐味は、古代インドの言葉（サンスクリット語）であるサルピスからきています。

ほかにも、カメラのキヤノンは、「観音《かんのん》」からきているのですが、それを知っている方はあまりいません。

観音様は、すべての者の心を見通すことができるということから、見えないところまで映し出してしまうほどの性能だといって名づけられました。

カタカナにすることにより、人々はこれらの商品を西洋から来たものと勘違いしました。そして、爆発的なヒットとなったのです。

さまざまな事柄が、知らず知らずのうちに長い歴史の中でつちかわれた仏教的なものが日本人の生活に浸透していることに気づきます。そのなかでも禅宗がもたらしたものは多数あります。

まず代表的なものは、畳《たたみ》です。それまでは、寺院の仏像は立って拝《おが》むものでした。奈良の東大寺などをみればわかります。

これを、禅宗では近くに座って崇《あが》めるものとするため、瓦板から畳の部屋にしていったのです。

他にも建築では、食堂や玄関、床ノ間なども禅宗から発展したものです。

また庭園を造り、枯山水《かれさんすい》などの日本美を形成していきました。さらに現在「日本茶」と呼ばれるものも、もともと日本にあったものではありません。

日本臨済宗の祖、栄西《えいさい》禅師が中国から日本に茶の実を持ち帰り、植えたのが始めといわれています。

栄西禅師は、茶は坐禅のときの眠気ざましの薬として活用したのです。その名残が抹茶の「一服、二服」（薬）という数え方になっているのです。

さらに醤油や味噌、建ちん汁（建長寺汁）、納豆、豆腐、梅干し、麩、湯葉など、今世界で関心を集めている和食のルーツが禅にあることがわかります。

先日、福岡の承天寺という禅寺に伺いましたが、ウドン、ソバ、羊羹《ようかん》、饅頭《まんじゅう》はここが発祥なのだとも初めて知りました。

昔は寺の襖《ふすま》の絵なども、僧侶自身で描いていました。そこで生まれたのが、雪舟《せっしゅう》です。

剣の道では、柳生但馬守《やぎゅうたじまのかみ》に精神の保ち方を教えた沢庵《たくあん》和尚。一休の弟子となった村田《むらた》珠《じゅ》光《こう》から千利休《せんのりきゅう》にいたり、茶の道は完成したといいます。

さらに一休の弟子の金春禅竹《こんぱるぜんちく》は金春流を広め、後には観世流が生まれるなど、能の元となりました。

茶道における「わび、さび」、能における「幽玄《ゆうげん》」は、禅から生まれたものです。

日本の漢文の発展に貢献した五山文学、芭蕉《ばしょう》（俳句）、宗祇《そうぎ》（連歌）、近年では自由律俳句の山頭火《さんとうか》、芥川賞をとった玄侑宗久《げんゆうそうきゅう》和尚など文学界にも多くの影響を与えています。

戦国時代の武将の多くは、禅の精神性を拠《よ》り所《どころ》としました。それは禅僧の修行の厳しさが、まさに自分たちの生き様と共鳴したからに他なりません。命がけというところです。

古くは、北条早雲《ほうじょうそううん》。若かりし日、自身の大徳寺での修行体験から、北条家の家訓をつくり子孫に残しました。それが北条氏五代の繁栄をもたらしたのです。

また武田信玄《たけだしんげん》の師、「風林火山」の旗の字を書いた快川《かいせん》和尚。「心頭滅却《しんとうめっきゃく》すれば、火自ずから涼し」の語を発し織田軍の焼き打ちに坐禅をしながら亡くなった話は有名です。この精神性を信玄は学んだのです。

今川義元《いまがわよしもと》は、右腕の雪斎《せっさい》和尚が亡くなると共にその力を失いました。

織田信長における沢彦《たくげん》和尚は、岐阜の名を進言し、「天下布武《ふぶ》」を教えました。

徳川家康《とくがわいえやす》や伊達政宗《だてまさむね》は、幼少期に禅僧の家庭教師をもち、その影響を受けました。

上杉謙信《うえすぎけんしん》、黒田官兵衛《くろだかんべえ》などなど、あげればきりがありません。

以上、色々書きましたが、こんなことを知るのも禅の「**醍醐味**」だということです。

武田《たけだ》信玄《しんげん》の究極の無心

紅炉上《こうろじょう》一点の雪——この語といえば、武田信玄です。武士の信仰から禅の信仰は広がりました。

そして武士の生き様に禅宗のスタイルが非常に合っていたのです。

一般に、禅宗の修行は厳しいといわれ、まさに命を掛けて臨《のぞ》むもの。武士とは生き方そのものが戦いであり、ましてや大将ともなるとその判断力がその人のすべてを決します。

自力本願、自分の力を信じ生き抜いていくブレない自分をつくり上げること。それこそがその者の生命線となるのです。

優柔不断は、まさに命取りです。今の世の中を生きている者には、考えられないような緊張感を持って生きていたのです。

親や兄弟ですら、裏切ることが日常茶飯事《にちじょうさはんじ》という時代だったのです。

そんな時代、最強といわれたのが、甲斐《かい》の武田軍でした。あの時代、信玄が亡くなったのは、戦さでの負傷ではありませんでした（病気といわれています）。寿命が尽きるまで生き抜いたのです。

信玄といえば、有名なのが川中島《かわなかじま》の戦いです。好敵手、上杉謙信《うえすぎけんしん》との壮絶な肉弾戦。

上杉謙信もまた、禅宗の信仰者として知られています。それが証拠に、「謙信」「信玄」共に、その名は禅宗の戒名《かいみょう》です。

戒名といえば、亡くなってつけるものという認識が一般的です。しかし本来は、生前生きているうちにつけるというのが本当です。なぜならそれは、仏弟子となったことの証《あか》しなのですから。

信玄の戒名は、臨済宗《りんざいしゅう》の宗派名となった臨済義玄《ぎげん》和尚の玄を授《さず》けられ、本名晴信から一字を加えてつけられました。授けたのは、あの山門の上で坐禅しながら焼き打ちに会い亡くなった恵林寺《えりんじ》快川和尚です。

そして謙信もまた自分の参禅の師、宗謙和尚から一字をもらい、謙信となったのです。

そんな二人の戦いが、川中島でした。

永禄《えいろく》四年（一五六一年）、九月十日の早朝、信玄は本陣の中にあって、作戦会議を開いていました。

朝霧《あさぎり》がかかり、視界の悪いなか突如として馬に乗った謙信が奇襲をかけてきたのです。まさにそのときのかけあいが、禅問答です。

馬に乗った謙信は、一句。

「如何なるか是れ剣刃上の事《じ》！」

といい、太刀《たち》を振り抜いてきます。

対して信玄、あわてずさわがずその刀を鉄扇《てっせん》で受け止め、「紅炉上一点の雪」と静かにいうのです。

少々、解説します。

「如何なるか剣刃上の事」とは、今まさにお前を一刀両断《いっとうりょうだん》にする。そのとき、どんな心境かと問うているのです。

そしてその答えが、「**紅炉上一点の雪**」。真っ赤に炎が燃えさかっている炉の炭の上に、ヒラヒラと一片《ひとひら》の雪が舞い降りてくるようなものだと。雪は一瞬にして、跡形《あとかた》も無くなります。

絶命するかもしれないという状況においても、心は微動《びどう》だにしない。研《と》ぎ澄《す》まされ、生への執着も死への恐怖もないといっているのです。つまり私が学んだ禅は、無心なのだと。


以前、山梨（甲斐）に行ったとき、おもしろい話を聞きました。山梨には江戸時代がない、と。たしかに、土産には「風林火山《ふうりんかざん》」の旗や「信玄餅」、信玄が広めたという「ほうとう」。観光でも信玄の名前しか聞こえてこないのです。

山梨の殿様は、信玄ひとりなのです。信玄の治めた土地には、一揆は起こらなかったといいます。民衆を想い、久しく戦場にしてしまったからと、税も軽減したといいます。

現代に至るまで、こんなに慕《した》われた戦国武将は他にいたでしょうか。さすが「人は城、人は石垣」といった信玄です。


晩年まで、病に苦しめられた正岡子規《まさおかしき》はいいます。

「悟りといふ事は如何なる場合にも平気で死ぬる事かと思って居たのは間違ひで、悟りといふ事は如何なる場合にも平気で生きて居る事であった」と。

また『賢愚経《けんぐきょう》』には、こう記されています。

過去を追うことなかれ
未来を追うことなかれ
過去はすでに過ぎ去れり
未来はいまだ来ざりき
ゆえにただ今なすべきことを
そのところにおいてよく観察し
揺らぐことなく動ずることなく
よく見極めて実践せよ
ただ今日なすべきことをよくなせ
誰か明日死あることを知らん

信玄のいわんとしたのは、ここです。

仏を越えて、独《ひと》り道を行く

父を殺し母を殺し仏を殺し祖を殺す――皆さんは、この語を読んでどう思うでしょうか。決していい気持ちにはなれない。私自身も初めてこの語を知った時、なんともいえない気持ちになったものです。

坊さんが「殺す」など、なんて表現を使うのかと。

この語は、我が臨済宗の名となった中国臨済禅師の『臨済録』に登場する語です。臨済禅師は厳しい家風で知られる人でしたが、特にこの語はインパクト十分です。

修行僧は問います。禅の悟りというものは、五無間《ごむげん》の業《ごう》（無間地獄に落ち入るような五つの悪業）をつくってこそ、初めて悟りに至ることができるといいます。その五無間の業とは、どのようなものでしょうか。

それに対して臨済禅師は、こう答えます。

「父を殺し、母を殺し、仏身血《けつ》をいだし、和合僧を破り、経像を梵焼《ぼんしょう》する等、此れは是れ五無間の業なり」

「仏身血をいだし」とは、仏の身を傷つけること、「経像を梵焼」とは、お経や仏像を燃やすことです。

父や母を殺すというのは、本当に親殺しをしろということではありません。親は大切だけれどもその執着を捨てろといっているのです。

つまり自分にとって一番大切なものを捨て去る。一見、非情と思えるその態度のさきに悟りがあるというのです。

お釈迦様も、親・妻・子を捨て、修行に入られました。それは、一見正しいことには、見えません。

しかしそれこそが真の「出家」です。そしてその事実があったから、現在まで二千五百年も続いている仏教が誕生したのです。世界中の迷える人々を救う教えの発見があったのです。

剣豪・宮本武蔵《みやもとむさし》は、禅を修めていたことは知られています。画や書にもその影響をうかがい知ることができます。

若かりし日の武蔵は、次々と現れる敵を打ち破っていきます。しかし有名な佐々木小次郎《ささきこじろう》との「巌流島《がんりゅうじま》での戦い」以来、杳《よう》としてその行方をくらまします。消息を断ちます。

しかし二十数年後、熊本金峰山《きんぽうざん》の霊巌洞《れいがんどう》という洞窟に突然姿を現します。そしてひとりで一気に、剣の極意ともいうべき『五輪書』を書きあげるのです。

自分の寿命を感じた武蔵は、「独行道」という遺言を箇条書きに記します。その中に「仏神は貴し　仏神をたのまず」というものがあります。

武蔵は、敵を倒すたびに観音像を彫《ほ》って供養《くよう》したといいます。仏神を敬っていたのです。しかし、敬うけれど、決して頼りません。剣術家にとって信じられるのは、自分です。自分しかないのです。

これが修行者・求道者の行きつくさきではないでしょうか。

私など武蔵とくらべられるような修行は、当然していません。しかしこんな私でも、多少なりとも関わった、修行のなかで気づいたことがあります。

それは修行とはいかに自分に厳しくなれるか、その姿勢を保つことができるかということであると。

修行道場を出てからしばらく、私はよく修行道場時代の夢をみました。辛く厳しい時代の夢です。うなされ、ハッとして目が覚めたものです。

それほど、私にとってはここでの生活が強く印象に残ったものだったのです。二十年以上経ち、さすがに最近あまりみなくなりましたが、たまにこれではいけないと自分を省《かえり》みます。

晩年の武蔵は、よく坐禅していたといいます。そんなある日、洞窟の外を静観していると、雲の間から光が差し込んでくるのが見えました。それはあたかも仏の光明《こうみょう》のようでした。

武蔵は、おもむろに立ち上がると、剣を取りその光を斬《き》り捨てたというのです。

仏を殺し、仏を越えて自分ひとり「独り道を行く」という消息がそこにあります。

甘えを捨てて自己を律《りっ》します。一つのことを大成《たいせい》するには、多くの犠牲が伴《ともな》うものです。

終わりよければ、すべてよし。その過程にあるもの。それが「**父を殺し母を殺し仏を殺す**」ということです。これは決して悪ではありません。ただしそういえるには、結果が必要なのです。

ここまで至って初めて武蔵のように、「我、事において後悔せず」といいきれるのです。

これはもちろん武蔵の世界、禅の世界だけの話ではありません。

一般社会では、親に対しての自分の姿を考えてみればいいと思います。私は、自立こそ本当の孝行と考えます。自分の力で生き抜く力だと思います。

親は尊《とうと》ぶけれど、たよるべからず。

いかがでしょうか。

第4章

生涯、未熟を思い知る

道元《どうげん》禅師の未熟なとき

我逢人《がほうじん》――禅では「がほうじん」とそのまま読みますが、意味としては、「我、人に逢うなり」という簡単な言葉です。

「人生」といいますと、人として生きるという意味と、人と共に生きるという意味があると思います。だから人間は、人の間と書くのでしょう。

つまり人間にとってその関係性が最も大切で、しかし難しいということです。

日本の禅の大家に、道元《どうげん》禅師という方がおられます。道元禅師は、日本から航行技術の未熟なあの時代に、船に乗り命がけで中国へ渡り、禅を極《きわ》めました。そのとき巡《めぐ》り会った人生最高の師が如浄《にょじょう》禅師です。

そこを道元禅師は、「まのあたり先師をみる。これ人にあふなり」と記しています。この出逢いによって、自分の人生の方向性が定まった。それほどのことだったといっているのです。

人との出逢いがいかに大切か。そのことを道元禅師は伝えたかったのだと思います。出逢いというのは相手の人格や仕事の力量なども重要です。しかしそれ以上にこちら側の感じとれる心のアンテナが必要になってきます。

ボーッと生きていれば、どんなすばらしい出逢いにも気づかずに終わってしまいます。だから自分の生き方の目的や理想を持っておかなければなりません。

道元禅師ほどの人でも、初めからわかっていたわけではありません。ふつう人は、自分の欠点をあえて人にさらすことはしません。でも道元禅師はそのことも記しています。本当に正直な人だったのでしょう。

中国へたどり着いた道元禅師の船は、港に停泊します。そのとき、わざわざ船を訪ねてきた一人の中国人の僧がいました。高齢の老僧です。

そして、「日本産の干し椎茸《しいたけ》」をゆずってほしいというのです。日本産は品質がいいというわけです。

この人の話を色々聞いてみると、およそ二十キロ離れていた阿育王寺《あいくおうじ》から来たというのです。そして自分は、そこで食事係をしているといいます。

道元禅師は、驚きます。食事係などというのは、下働きのする仕事、そう道元禅師は思っていたからです。

そんな思いから、おもわず言葉を発してしまいます。

「あなたのような老僧が、なぜそこまでされるのですか。寺にはいくらでも若い僧がいるのでしょう。その者にやらせればいいではありませんか？」

すると老僧はいいます。

「あなたは、修行のなんたるかをまだわかっていませんね！」

道元禅師にとって修行とは、坐禅することだと考えていたのです。だからなるべく雑務をさけ、できるだけ坐禅に専念《せんねん》することこそ修行だと思っていたのです。

まさに表面上のことしか、このときの道元禅師はわかっていなかったのです。修行とは具体的な坐禅だけではありません、その人の心の持ちようによってこそ修行なのだとは気づいていなかったのです。

そこを老僧は、教えてくれた。そしてそのことに、道元禅師はこの会話から気がついたのです。

だから後に如浄禅師との出逢いの重要性がわかることになる。そんなプロセスを踏んでいるのです。

本来、道元禅師はこんな前段の話は、省《はぶ》いてもいいのです。それをあえて入れた。

道元禅師は、帰国後日本禅界の巨匠《きょしょう》になります。日本人にとって当時、道元禅師はスーパースター。「すべてをわかったすごい人」と崇《あが》められていたと思います。

そんななかで、あえて若《わか》かりし日の未熟な自分を示してくれているのです。

自分の価値を下げてでも、後に続く弟子たちに夢と希望、勇気を与えてくれる話なのです。

「ご縁を大切に！」

「一期一会《いちごいちえ》」

われわれがよく使う慣用句です。

これらはすべて、出逢いの言葉だということを改めて思います。人は人との出逢いによって人間の幅を広げ、多くの学びを得ることができます。

学ぶとは、真似《まね》るからきたと聞いたことがあります。一つのことに多くの学びを受ける人もいれば、それなりの学びを受ける場合もあるでしょう。

東日本大震災でも「絆《きずな》」ということが叫ばれました。今、このような時代だからこそ再び共生の時代に立ち返らなければならないのではないでしょうか。

それには、「**我逢人**」の感謝が必要です。

目連《もくれん》の母親の大供養会《くようえ》とお盆

帰家穏坐《きかおんざ》――ふつうに読めば、家に帰って穏やかに坐るということになります。無論、禅語ですから、ここでいう家とは、悟りの世界ということです。

この語でやはり私が最初に思い浮かべたのが、映画『男はつらいよ』のあるシーンです。裸電球の光が窓の外にもれている。部屋の中では、幼い子どもたちがさわいでいる。兄弟ゲンカか、子どもの泣き声、しかりつける母親。そんなのどかな下町の食事風景。

映画をつくった山田洋次監督は、満州の生まれで、幼い頃、祖国日本を知りませんでした。そんな山田少年が夢想《むそう》した日本の姿。それがこのシーンに反映されているのだそうです。

家といえば、実家です。田舎のある昔の人は、盆と正月は郷里に帰ったものです。お盆といえば、八月ということが多いのですが、もともとは七月が正しいのです。しかし農家の多かったずっと昔は、農閑期の八月にしたことから全国に広がりました。

『仏説盂蘭盆《うらぼん》経』というお経があります。「盂蘭盆」とは、お盆の正式名称で意味は、「さかさまの苦しみ」ということです。

お釈迦様の弟子に目連尊者《もくれんそんじゃ》という方がいました。神通力《じんずうりき》に優れた目連は、亡くなった母親に会いに行ったのです。当然、幸せに暮らしているだろうと思って会いに行ったのですが、意に反して母親はさかさまにつるされ苦しんでいたというのです。目連は、自分の神通力を使ってこれを救おうとしますが、どうしても救うことができません。

そこで現実世界に戻った目連は、見てきた一部始終をお釈迦様に話し、救いを求めたのです。

話を聞いたお釈迦様は、答えます。

「僧侶の修行期間の最後の日（七月十五日）に、すべての僧侶を招いて、御供養《ごくよう》をなさい。その多くの僧の力によって、母親は救われることになるだろう」と。

目連は、おおせのとおり大供養会《くようえ》を営《いとな》みました。そしてそのことにより、本当に母親を苦しみの世界から救ったというのです。

これを聞いた周りの人たちも、皆これをまねるようになった。それが盆行事のスタートです。

仏教の行事は、色々あります。伝わってきたインドから中国、日本へ流れるなかで増えていったものもあります。

たとえば、お彼岸《ひがん》は日本特有の行事です。しかしこのお盆は、今お話ししたように古代インドからの生粋《きっすい》の行事ということができます。

ふだん、意識することはないと思いますが、「盆踊り」。これを仏教行事だと知ってやっている人も少ないのではないでしょうか。そのスタートも、母が救われたことに目連がおもわず踊りだしたことからだと聞きました。

夏の風物詩となっているお盆、御先祖様が子孫、家族の元へ帰ってくる。一族の安寧《あんねい》を確かめ再び、死後の世界へ帰っていく。

精霊《しょうりょう》流し、灯籠《とうろう》、京都の大文字焼などこれらのお盆行事も、それぞれの土地で根づいていったものです。

私は、これらのお盆行事に、なにかしらのなつかしさや哀愁《あいしゅう》を感じます。

またお盆には、家の仏壇の前に新たに「精霊壇」というものをもうけます。きゅうりに割り箸などの脚を指して馬にみたて、ナスにも同じように脚をつくります。ナスは牛ということですが、御先祖様が家からあの世に帰るときの乗り物です。

帰ってくるときには、少しでも早く帰れるように速い馬で、帰りはなるべく長い時間とどまってくれるように、牛で帰えす。古《いにしえ》の人々の御先祖様への想い、優しさがここに表れています。

ふだんは実家へなかなか帰れない。でもお盆ぐらいは、親、兄弟に元気な姿を見せ、一族の無事を確かめ、いっしょに食事をする。すばらしい日本の風習です。


悟りの世界とはどのようなものかといえば、このような穏やかな精神性だといえます。無心、純心無垢《むく》、清《きよ》らか、真っ白など色々な表現がなされますが、より具体的な表現が「**帰家穏坐**」ということです。

悟りを探し、外の世界をあれこれ見てまわった。しかし、そんなものはどこにもなかった。そして迷いに迷い抜き、実は一番自分にとって身近なところ、家（自分の内側、身体）の中（心）にあった。その安心《あんじん》、満たされた穏やかさをとりもどした心、その消息《しょうそく》です。

悟りといわずとも、家に帰ってホッとする。リラックスできるところといえば、理解できると思います。

最近は親が子を殺し、子が親を殺すなどという痛ましい事件も起きています。それは、この帰るべきところ（自分の居場所）が無くなったと感じる心が引き起こしているようにも思えます。

学校で学ぶことは、もちろん重要です。しかしそれ以上に大切なこと、それが家庭での人間教育です。**帰家穏坐**、今一度各々の人の胸にきざんでほしい言葉です。

真心《まごころ》をもって人と接した良寛さん

遊戯三昧《ゆげざんまい》——幼稚園に通っていた頃、「お遊戯《ゆうぎ》」という時間がありました。この「ゆうぎ」と「ゆげ」はいっしょです。

つまり無心になって遊ぶこと。そして「三昧《ざんまい》」とは、そのものにひたり徹すること。夢中になっている状態です。

本来、遊びとはそういうものでしょう。そんな状態が、ふだんの仕事でも保てたらこんな幸せなことはありません。

子どもの頃にはできたこと、それが大人になるとできなくなる。それはなぜでしょうか。

子どもは、単純です。だから色々と考えない。それが大人になると、色々な経験を積んですべてを複雑にとらえてしまう。

人間、色々なことを経験することは大切です。しかしそれがすべてにおいて、プラスではない。遊びなどは、楽しいに徹すればいいのです。

この言葉で想い浮かぶのが、良寛《りょうかん》さんです。

良寛さんは、江戸時代後期の禅僧です。新潟県出雲崎出身の良寛さんは、地方での修行をし、終生本山に近づくことはありませんでした。これは、世間一般の評価、価値基準から離れて生きていたことを示します。

良寛さんの生き方の魅力の一つに「清貧《せいひん》」というのがあります。清く貧しく生きたということです。

貧しい、これは世間的に見ればいいことではありません。でも良寛さんにとって、その生き方は不幸だったかといえばそうではありません。

良寛さんにとっては修行のための修行を超え、日常の出来事を誠実にこなすこと、続けることが修行でした。

つまり生涯、修行を離れないということです。

自分が傷つきだまされても、決して人をうらまず自分の信ずる真実をつくす、善意の人だったのです。

良寛さんの子ども好きは有名で、手鞠《てまり》をついていっしょに遊んだり、かくれんぼをしていて子どもたちが遊びにあきて帰ってしまった後も、目隠しをした鬼役の良寛さんは、ずっと待ち続けたという話が残っています。

泥棒が庵《いおり》に物をぬすみに入ったら、盗《と》る物がない。良寛さんは気配を感じ、わざと寝返りをうって寝具を持っていかせたといいます。

自分の庵にタケノコを見つければ成長のため床板を外し、さらに伸びれば天井板まで壊しそれを妨《さまた》げないようにしました。

夏には、蚊帳《かや》からわざわざ腕を出し、蚊に自分の血をすわせたともいいます。

そんな良寛さんの話のなかでも、特に私の好きな話があります。

良寛さんは、漢詩、和歌、俳句などの多くの著作を残しています。しかし語ることは苦手としていたようです。

ある日、親戚に当たる一人の婦人が訪ねて来ました。家に来て自分の放蕩《ほうとう》息子に意見してくれというのです。

しかし良寛さんは、そういうことのできる僧ではありませんでした。しかし親戚の手前どうしても断れません。

やむを得ず親戚の家へ行き、二、三日この息子と生活をしてみました。

だが、やはりこの息子をいさめる言葉が出てきません。そしてとうとう帰る日を迎えてしまったのです。

帰り際、玄関先まで来た良寛さんは、この息子にいいます。

「ちょっとすまんが、草鞋《ぞうり》の紐《ひも》を結んでくださらんか？」

これには、息子も素直に従います。足元にかがみ込んで紐を結んであげたそうです。

そのとき、息子の首筋に温かい水が落ちてきたのです。怪訝《けげん》に思った息子が顔を上げると、良寛さんの瞳から涙があふれていたのです。

その姿を見た息子は、このことにより一気に懺悔《ざんげ》の念が湧《わ》いたのです。そしてそれ以来一切の放蕩がやんだというのです。

私も決して話のうまいほうではありません。しかし、人にものが伝わるのは、口先の技《ぎ》巧《こう》ではないのだと、あらためて感じました。

まさに赤子のような、真っ白な心で接すること。これこそ、無心の力というものなのでしょう。

良寛さんの歌に、

生まれ子の　次第次第に智慧《ちえ》づきて
　仏と遠くなるぞ悲しき

というのがあります。

生きることとは、理屈ではありません。なかなか、良寛さんのように生きるのは、困難なことだとはわかっています。

しかし、そこを目標とすることは、すばらしいと思います。なかには、なにバカなことをという人もいるでしょう。でも今のような時代だからこそ、そこに立ち返る必要を感じます。

「**遊戯三昧**」、ぜひ目指していきたい境地です。そこに幸せがあります。

「さとうきび畑」に込められた思い

眼を以《もっ》て縦観《じゅうかん》し、耳を以て縦聞《じゅうぶん》す――眼をもって思うままに観、耳をもって思うままに聞くということです。つまり自由なはたらきでみていくということ。

なぜこんな話をもちだしたかといえば、以前、あるテレビ番組に、「仏教の心を歌っていると思う日本の名曲四十」というテーマで呼ばれたからです。

そこで考えたのですが、歌い手や作詞家などが歌に対し、これは仏教思想があるなどと思っている人はいないだろうということです。ただ日本という国でともに長い歴史を歩んできた仏教は、知らず知らずに日本人にしみついている。そういうことだと思ったのです。

当日は、ゲストとして南《みなみ》こうせつさん、森山良子《もりやまりょうこ》さん、柏木由紀子《かしわぎゆきこ》さん（故・坂本九氏夫人）と娘さんたちが来られていました。

私は以前、京都にいたとき、南こうせつさんのディナーショーを見に行ったことがありました。衣姿で行ったので目立ってしまい、こうせつさんに声をかけられ、一緒にステージに上げられ歌うことになってしまったという思い出があります。

それはともかく、こうせつさんは、大分県のお寺の息子さんです。「門前《もんぜん》の小僧《こぞう》、習わぬ経をよむ」といわれます。だからこうせつさんも、お経は多少読めるなどという話をされていました。

「薫習《くんじゅう》」という言葉があります。ものに香がしみこむように、環境がその人の身につき、それは知らず知らずのうちに影響を受けるということです。

こういう話はけっこうあり、植木等《うえきひとし》さんや、「上を向いて歩こう」の作詞家で先日亡くなられた永六輔《えいろくすけ》さんもお寺の御子息《ごしそく》です。

坂本九さんは、私の師匠尾関宗園《おぜきそうえん》和尚（大徳寺大仙院前住職）の信者さんで、小僧時代よくお見かけしました。

その番組で、森山良子さんは、「さとうきび畑」を歌われましたが、今回初めてこの歌が反戦歌だと知りました。今までなんとなく夏の沖縄の歌だなという程度の認識で、あの「ざわわ　ざわわ　ざわわ」ばかり耳に残っていたものですから。

しかし、内容を知ってびっくりしました。当日会場には、戦死者の英霊遺骨調査にたずさわるお坊さんもいて、その話をおうかがいしてからの歌には、涙ぐむ人もいました。

歌の主人公である娘さんは、戦争で父親を鉄砲の玉で失います。ですから自分が生まれてきたときには、父親はいなかったのです。

そんな父親の姿を想像するなかで、夢を見ます。実際には知らない父親の手に抱かれた自分。そんな消えることのない悲しみをずっと抱えているけれど、できることならその想いを消し去ってほしい。海に返してほしいというのです。

本土の人にとって夏の沖縄はレジャーの街というイメージです。しかし、地元沖縄の人にとっての感情は別のところにある。戦争を知らない世代が増えている時代、改めて考えさせられる内容です。

「おふくろさん」などでも知られる川内康範《かわうちこうはん》さん。この方もお寺出身です。

川内さんが原作、脚本をつとめた、私も子ども時代に見ていたTVドラマ『月光仮面』。実はモデルが「月光菩薩《がっこうぼさつ》」ということです。薬師如来の脇仏（寄り添う仏）ということで、主題歌でも、正義そのものではなく、正義の味方という歌の表現になっているそうです。同じく川内さんの作詞で「骨まで愛して」という歌もありましたが、これも遺骨収集遺族の姿を見て感じた深い愛情の表現なのだそうです。

私も歌はきらいではありません。歌は深く、人生を教えてくれる。簡単ではないけれど、行間のわかる人になりたいと改めて思いました。それが人生を豊かにするコツだろうと。そんな自由なはたらきをと思い、この禅語を取り上げさせていただきました。

東京オリンピックと円谷《つぶらや》選手の死

冬峰孤松《とうほうこしょう》に秀《ひい》ず――唐の詩人陶淵明《とうえんめい》の「四時詩《しじ》」のなかの一節で、冬の情景を示したものです。

冬の寒い日、山の頂に木々の葉が落ちても、一本の松だけが青々としている。そのさまは、時代が移り変わっても変わらぬ孤高《ここう》の気高《けだか》さを保つ禅者のようである。そんな意の一句です。

東京では次の東京オリンピックの話題をよく耳にします。今は色々とバタバタしているようですが、本番ではどうか無事に成功してもらいたいと願うばかりです。

前の東京オリンピックは、昭和三十九年でした。このころ、私は幼く、あまりそのことを記憶に残していません。しかしなんとなく憶えている気がするのは、後になにかの映像を見たのを錯覚しているのでしょう。

なにはともあれ、人生のなかで二度東京オリンピックを見るという機会は、なかなか得られるものではありません。さきのことはわかりませんが、この時代に生きていることに感謝します。

私は、東京の青梅《おうめ》市で生まれました。青梅といえば「青梅マラソン」が有名です。市民マラソンの草分けといわれ、参加者が一万人を超えた初めてのマラソン大会です。しかしそのマラソンが開催されたきっかけを知る人は少ないと思います。

実は、東京オリンピックでマラソンの銅メダルをとった「円谷《つぶらや》選手と走ろう」というのが、そのスタートでした。

円谷幸吉《こうきち》選手は、東京オリンピックまではさほど注目された選手ではありませんでした。腰痛の持病があること、マラソン経験が少なかったことなどがその理由とされています。

しかし本番で一躍活躍し、注目された円谷さんは、「次のオリンピックのほうが大事」と、所属していた自衛隊体育学校の上司に婚約者を説得され、ついに破談まで追い込まれてしまいます。まさに孤高の人となってしまったのです。

今では考えられないことですが、とても悲しくなってしまいます。信頼していたコーチは突然転勤になり、腰痛も再発。そして二十七歳の若さで自殺してしまったのです。

それは、東京オリンピックより四年後のことでした。

私が京都にいたとき、聞いた歌があります。京都の同志社女子大学の女性フォークデュオ「ピンク・ピクルス」の歌った「一人の道」という歌です。

有名な円谷選手の遺書をモチーフに、ランナーの苦しみ、両親への想い、さらに楽曲の冒頭にマラソンの実況録音が使用されていたことが強く印象に残っています。

「誰のために走るのか。若い力をすり減らし」

「あなたにもらったものなのに、そんな生命を僕の手で」

「とってももう走れない。これ以上は走れない」

など、本当に胸をつく歌詞でした。

円谷選手の自殺は、日本スポーツ界の最大の遺恨事《いこんじ》といわれます。これ以来、選手のメンタルサポートやメンタルヘルスケアが実施されるようになっていったと聞きます。

そこには、円谷選手の自殺が契機となったという苦い教訓があるのです。

現在、マラソンブームに乗って、青梅マラソンに参加する方も多いと思います。しかし日本のマラソン史にはこんな裏話があったことも知っていただきたく記しました。

いろいろなドラマが、スポーツにはあります。

ちょっと早いのですが、ここで再び日本が輝く、そんな東京オリンピックになってほしいと思います。

そして短所はあらため、長所はさらに伸ばす、それが前のオリンピック、円谷選手の死を無駄にしないことだと思います。

ハムチャー村の奇跡と思いやりの心

春は入《い》る千林《せんりん》処々《しょしょ》の花――「処々」とは、至るところということであり、長い寒い冬の日も終わり春となります。そこには暖かな光がふりそそぎ、至るところに多くの色とりどりの花を咲かせます。

その語には後があり、「**秋は沈む万水家々《ばんすいかか》の月**」となります。すなわち秋になれば名月がこうこうと輝き、至るところの水辺、海にも川にも、そして庭先の池にも月影をやどします。そしてその姿は、好きとか嫌いとか、善とか悪とかを超えて平等に映し出している。

この大自然の働きに仏の慈悲《じひ》、平等性があると。

仏教には「慈悲」という言語がありますが、キリスト教には「愛」という言葉があります。つまるところ、宗教とは「思いやりの心」といえるのではないでしょうか。

以前にも書きましたが、仏教の修行はスタートから集団生活を基本としました。集団生活で大切なことは、心地よい環境づくりです。つまり思いやりの心によって成り立っているのです。

そして日本人の精神性は、仏教、神道、儒教によってつちかわれた。ある方がいわれていたのですが、戦後アメリカが介入して日本国憲法がつくられた。そこで「大和魂《やまとだましい》」を恐れたアメリカ人が、その根本である宗教を排除するため政教分離を推し進めたのだと。

本当のことは、私にはわかりません。しかしアメリカの大統領が「聖書」に手をあて、宣誓《せんせい》する姿に「おや！」と思ったことがあります。

アメリカは、決して政教分離ではない。なぜに日本はそうなったのかと……。

私は教誨師《きょうかいし》というものを務《つと》めさせていただいております。簡単にいうと、受刑者の相手をする宗教者という立場のものです。日本は、信仰の自由が保証されていますから、受刑者といえども希望があれば、できる限りそれに応えるというスタンスです。

カトリック、プロテスタントのキリスト教、日本の神道、仏教各派などの人が関わっています。

以前、世界中のこういう仕事をしている方々の会議が日本でできないかという話がでたことがあります。するとそれは、無理だと……。

なぜなら外国では、各施設一つの宗教というのが多い。キリスト教とイスラム教で、一つのテーブルにつくことはできないからと……。

あらためて、日本の宗教界のスタンスが、特殊であるかがわかったのです。

外国の教誨師は、給料が国からでます。日本も戦前はそうでした。しかし現在は、政教分離ですべてボランティアということになっています。手弁当でやります。

日本は、なんだかんだいって仏教国です。その日本仏教の姿勢が、これらに反映されているのです。

そこに狭い了見ではない、本当の意味での思いやりがあるということです。

ですから、私は仏教の平常性が今の時代こそ大切で、人は人を認め合って共生していく普遍性をより一層叫んでいかなければ、と考えているのです。

日本人の若者で、「五大陸ドラゴン桜e-Education project代表」税所篤快《さいしょあつよし》という人がいます。彼の活動は、地球上どこにいる子どもでも、その国の最高レベルの先生の授業にアクセスできる世界をつくるということです。

そもそもの活動の動機は、大学時代の彼女に「中途半端な男は嫌い」とふられたことが始まりでした。

当時の彼は、世界を変えるなどと大きなことを言いながら、まったく行動がともなわない情けない男子だったといいます。しかしそんな彼を、この彼女のひと言が駆《か》り立てたのです。

一人前の男になる。修行して世のためになって、彼女を見返してやろう。まずは知識を得るため大学の図書館に通い始めるのです。

そこで『グラミン銀行を知っていますか』という一冊の本に出合いました。この銀行は「信用のない貧しい女性に金を貸す。銀行に出向くのではなく、人のもとに訪ねる」というコンセプトのもと運営しているというユニークなバングラデシュの銀行でした。

そして彼はすぐバングラデシュのグラミン銀行を訪ねたのです。彼が感じたバングラデシュは、アジア最貧のかわいそうな人たちの国ではなく、今を懸命に生きる人々の国というものでした。素朴《そぼく》で家族を大切にするその姿に感動したのです。

そして同時に、教育現場の人材に大きな問題を抱えていたのです。国内全土の教師不足は四万人とのことでした。先生が圧倒的に足りません。

彼は日本で高校時代のことを思い出しました。予備校のＤＶＤでの授業です。これなら最高の先生を何度も、どこでも受講できます。そしてグラミン銀行に企画書を出しました。返事は、「どんどんやりなさい」というものでした。国内の優秀な学生、先生の協力を得ることもできました。そしてその活動が始まったのです。バングラデシュの最果てのハムチャー村という場所でＤＶＤ学習を実践したところ、バングラデシュの東大といわれるダッカ大学の合格者を出すことができたのです。

電力事情が悪く、停電やスコールで通学もできなくなること、勉強より家の手伝いを強制される子ども、会計担当者が強盗に襲われることなどもありました。

なぜ彼は続けられたのか？　それはあきらめない仲間と待っている生徒がいてくれたことだといいます。

地元メディアも「ハムチャー村の奇跡」と全国へ報じました。今やフィリピン、インドネシア、ミャンマー、ベトナムとその活動は広がりつつあります。

やはり、万国共通、思いやりを考えさせられる話でした。

母親と無理心中しようとした息子

他生《たしょう》の縁《えん》――電車の中の中吊り広告で、大学の新設学部のポスターを見て、あれっと思いました。

「二十一世紀に……人間関係学部」

私は、その学部の内容についてはわかりません。しかしいよいよ人間関係まで大学で学ばなければいけない時代が来たのかなと……。

たしかに生きていて、人間関係ほど難しいものはないことも理解しているつもりです。

都心部に住んでいるとなおさら、そう感じます。

今の子どもたちは、あまり外で遊ぶ姿も見かけなくなりました。ゲームやＳＮＳなどのめまぐるしい発展も影響しているのでしょう。これらのものに依存し、生の人間との触れ合いも減り、コミュニケーション能力も低下している。分析だけならそれでもいいでしょう。

しかし、われわれ大人たちは、ここで考え直さなければもうどうしようもない時代が、まもなく来てしまうと危機を感じます。

「袖すり合うも他生の縁」といいます。このままでいたら、このことわざも死語になってしまいます。歌を忘れたカナリアのように、情を忘れた人間になってしまいます。

だからあえてここで「**他生の縁**」の語を出したのです。

十年以上前になりますが、とても心に残った事件がありました。

裁判官が、結審の判決文を読みながら泣いたというのです。

その概要はこうです。事件は、京都で起こりました。真冬のとても寒い日、認知症の母親と無理心中をしようとして、息子だけが生き残ったのです。

三人暮らしの家庭でしたが、父親が病気で亡くなりました。以来、母と息子だけの生活になります。そしてこの頃から母親は認知症になっていきます。

だんだんと進む病状、週に三、四回と夜の徘徊《はいかい》が始まったのです。

息子は、仕事に行くことができなくなります。そして介護生活に入っていきます。その間、時間をみて生活保護の申請にも息子は役所に出向いています。

一度目は休職中であったために却下。退職を余儀《よぎ》なくされた二回目は、失業保険を理由に断られます。

このとき「まだ若いんだから、働けるでしょう？」（事件当時五十四歳）とまでいわれたといいます。

あきらめた息子は、介護サービス利用料、生活費も切り詰《つ》めます。消費者金融にまで手を出すことになるのですが、借金も重なり家賃も払えなくなるのです。

事件当日、二人は最後の食事（コンビニで買ったパンとジュース）をし、車椅子を押して思い出の多い河原町を歩きます。

そして死に場所を求めて、ずっと歩き続けます。河川敷へ入り、このときの二人の会話には胸がしめつけられます。

「もう生きられへんのやで。ここで終わりや」

「そうか、あかんか」

笑みを浮かべる母親。

「一緒やで。お前と一緒や」

「こっちへ来い。お前はわしの子や。わしがやったる」

傍らですすり泣いていた息子。母親が息子の首に触れたところで、ついに決意する。

母親に手をかけ、さらに自分自身を傷つけたのです。しかし死ねない。

そこで木にロープをかけ、首をつります。でもそのロープはほどけてしまい、気を失ってしまうのです。

数時間後、通行人が発見。息子だけが生き残りました。

京都地裁は、懲役《ちょうえき》二年六月、執行猶予《しっこうゆうよ》三年をいい渡しました。裁判中、息子は「母の命を奪ったが、生まれ変わってももう一度母の子に生まれたい」と供述したといいます。

そしてその場にいたすべての人が目を赤くしたといいます。

　判決後、裁判官は、

「裁かれているのは被告だけではない。介護制度や生活保護のあり方も問われている」と述べ、この息子には、

「お母さんのためにも、生きていくように努力してください」と言葉をそえました。

これは、決して他人事ではありません。高齢化社会の現代、いつ自分がその立場になるかもしれないのです。

一人ひとり、それぞれの身近なところで人との関係性を深め、乗り越えていかなければなりません。もうこんな悲しい話は、十分です。

仏教では「**他生の縁**」とは、今生《こんじょう》だけでなく前生や後生までの縁をいいます。つまりそれは、それくらいのつもりで人との御縁《ごえん》を大切にしろということだと思います。

その姿勢が、人と人、共生へと継《つな》がるものであると信じます。

脳性麻痺《まひ》の15歳の少年の詩

日々是好日《にちにちこれこうにち》——禅語として、よく知られる一句です。一般的には、「ひびこれこうじつ」といったほうが、わかりやすいかもしれません。

『碧巌録《へきがんろく》』という本に出てきます。雲門《うんもん》和尚が修行僧に言います。

「過去のことはいいません。また未来のこともわかりません。だから今、ここにいるあなた方一人一人が、どう生きるか？　おのおの一句をもっていってみなさい」と。

しかし、それに答えられた僧は、いませんでした。そこで雲門和尚自ら、「日々是好日」と答えたのです。

われわれは、病気になって初めて健康の有《あ》り難《がた》さを感じます。ふだん、健康なときには、そんなことを意識することもありません。

常日頃からそういう意識をもっていたら、きっと生き方も変わってくるのだろうとはわかっているのですが……。

「日々是好日」という語は、表面だけで見ると楽観主義の言葉に見えます。なにも考えず、楽しく日々を過ごすというようにも受け止められてしまいます。

しかしそんなことをいっているのでは、ありません。天気でも晴れがあれば、雨や嵐もある。これと同じように人生には、いいことも悪いことも起こる。うれしいときもあれば、悲しいこと、悔《くや》しくてたまらないことも当然あります。しかしそんな日々すべてをひっくるめて、わかったうえでの一日一日が好日といっているのです。

古い話ですが、『産経新聞』の投稿欄に出て、話題になったという記事があります。石川県のある美術館に、その場にふさわしいとは思えない服装の女子高生の集団がいました。学校で教育の一環として無理やりつれてこられたというふうです。

それが証拠に高校生たちは、「かったるい、つまんない」などと軽口をたたいています。そこでそこの職員さんがこの集団に声をかけ一つの作品を見るように勧《すす》めたのです。

するとこれまでさわいでいた彼女たちが、その作品を見て急に静かになり、泣きだしたというのです。
それは一編の詩。二十七年前に亡くなった十五歳の脳性麻痺《まひ》の少年のものでした。

お母さん　ぼくが生まれてごめんなさい

ごめんなさいね　お母さん
ごめんなさいね　お母さん
ぼくが生まれて　ごめんなさい
ぼくを背負う　かあさんの
細いうなじに　ぼくはいう
ぼくさえ　生まれなかったら
かあさんの　しらがもなかったろうね
大きくなった　このぼくを
背負って歩く　悲しさも

「かたわな子だね」とふりかえる
つめたい視線に　泣くことも
ぼくさえ　生まれなかったら
ありがとう　おかあさん
ありがとう　おかあさん
おかあさんが　いるかぎり
ぼくは生きていくのです
脳性マヒを　生きていく
やさしさこそが　大切で
悲しさこそが　美しい
そんな　人の生き方を
教えてくれた　おかあさん
おかあさん
あなたがそこに　いるかぎり

（向野幾世『お母さん、ぼくが生まれてごめんなさい』より）

この少年は、母親に感謝しているのです。この世に誕生させてもらった命に。強がりでもカラ元気でもありません。ごく自然に生まれた彼の心情です。人間のもつ大いなる生きる力、この英知に高校生たちも感じるものがあったのではないでしょうか。

人間は死が身近にあって、生を真剣に考えるようになります。命の尊さがわかるのです。人は、何年生きられるかわかりません。今日、交通事故にあって亡くなる、そんな可能性だってあるのです。そんな大切な一日を無駄にしていませんか。漠然《ばくぜん》と過ごしてはいませんか。

世の中には、今日一日生きていたいと願いながら、難病になり否応《いやおう》なく亡くなっていく人もいるのです。こんな人の貴い貴い一日と、ノンベンダラリと過ごしているわれわれの一日も、同じ一日なのです。

そこのところを今一度、見つめ直してほしいのです。楽しむべき日を楽しんで、そして楽しみなきところをも楽しむ。その日一日を、精一杯に生ききること。

失望することなく、努力し続けること。こういうなかから悔いのない充実した人生が生まれてくる。

「**日々是好日**」とは、そんな生き方を教えるためにあふれでた情熱の言葉なのです。

すべての人がもっている宝

明珠掌《めいじゅたなごころ》に在《あ》り――「明珠」とは、無色透明で曇《くも》りのない珠玉（宝石）です。そして「掌」とは、手のひらです。

『法華経』に、こんなたとえ話がのっています。

ある貧しい男が金持ちの親友を訪ね、歓待されます。金持ちの親友はこの男の姿を見てなんとかこの現状、貧窮から抜け出させてあげようと考えたのです。

そしてこの男が寝ているすきに、一生困らないだけの価値ある「明珠」を着物の裏に縫《ぬ》いつけておいたのです。

しかしこの男は、そのことに気づかず、ますます貧乏になって物乞《ものご》いに身をやつします。

そして流浪《るろう》の旅を送ります。

その後、偶然再会し男の哀《あわ》れな姿を見た親友は、「なんとバカな生き方をしていたのか、ずっと気づかずにいたとは？」といって、そのありかを教えたのです。

言われて男はやっと「明珠」に気づき、心の平安を得て豊かに暮らしたと。

ここでいわんとする「明珠」とは、我々のいう「仏性《ぶっしょう》」です。しかし「仏性」というとあまりにも漠然としていて、よくわかりません。

言葉を変えます。今、自分の前にあるものに対し、あるがままに正しくとらえること。そのものは、正しいかまちがっているか、善《よ》し悪《あ》しをしっかり判断し活用する力ということです。

どんなに貴い「明珠」であっても、そこに気づかなければ、この男のように宝の持ちぐされで、なんの意味もありません。

名僧、山本玄峰《やまもとげんぽう》老師は、この「明珠」を性根玉《しょうねだま》と呼びました。

「……ほんとうの家の宝というものは、家に備わってこそ、宝じゃ。今さらよそからえらいいいものといって買い込んできたところで、ほんとうの家の宝ではない。この宝とはめいめいの性根玉じゃ。

見よ、宝は天地に充満している。それを自分のものとして、ちゃんと具《そな》わっておるのじゃ。それを知らずに、小さな仕切りをつけて、腰をかがめても入れん、横になっても入れんような狭い門をつくって、おれがおれがでいく。憐《あわ》れな境界と申さねばならぬ」

私がよくお話しする話で、死刑囚島秋人という人がいます。一人の人間を殺《あや》め、当時はこれが極刑になりました。

幼少期に母を亡くし、本人も病弱、七年間ギプスをはめて育ちました。学校の成績は最下位、先生からも見下されていました。

貧しさと飢《う》えで非行、犯罪をくり返し、とうとう人を殺めてしまったのです。

拘置所で彼は、中学生のとき、唯一褒《ほ》めてくれた先生を想い出し、手紙を書きます。先生はすぐに返事をくれ、それには先生の奥さんからの短歌がそえられていました。

それをきっかけに短歌を始めます。そして、みるみるうちに上達し、毎日歌壇賞を受賞するのです。

成績が最下位だった彼になぜそんなことができたのか？　実は彼は、難聴《なんちょう》だったのです。そのため人より反応がワンテンポ遅れる。それで見下されてしまっていたのです。そして自分自身も、人より劣っていると信じてしまったのです。

拘禁されてから調べたら、彼の知能指数は一二〇を超えていました。そこにだれも気づいてやれなかった。

彼は、死刑囚になったがために、それがわかったのです。彼は亡くなるまで、勉強を続けました。

彼が遺族に対して残した手紙があります。

「〇〇様
長い間、お詫びも申し上げず過していました。申しわけありません。
本日処刑を受けることになり、ここに深くお詫び致します。
最後まで犯した罪を悔いて居りました。亡き奥様にご報告して下さい。私は詫びても詫びても足りず、ひたすらに悔を深めるのみでございます。死によっていくらかでもお心の癒されます事をお願い申し上げます、申しわけない事でありました。ここに記してお詫びの事に代えます。
皆様の御幸福をお祈り申し上げます。

処刑の日」

そして歌の先生には、「心中は秋水明光の如く落ち着いています」と書いています。
また、処刑の前日の最後の歌が、

この澄《す》めるこころ在るとは識らず来て
　刑死の明日に迫る夜温し

というものでした。
執行の任に当たった刑務官は、四十年後「彼の執行はこの上なく悲しかった。しかし、この手で送ることができて幸せだったと思っている。そう思わなければとても耐えられない」と語っています。

すべての人が、この「明珠」に気づいてくれることを、心から願うものです。　合掌

人間が人間であるために

雪を担《にな》って井《せい》を塡《うず》む――

こんな文章を見つけました。

生まれつき　美しい人は運がいい

歳を重ねて　美しくなる人は生き方がいい

短い言葉ながら、含蓄《がんちく》のある言葉だなぁと紹介させていただきました。

つまり、そういうことなのです。

『毒語心経』の中にあります。

徳雲の閑古錐《かんこすい》、幾たびか妙峰頂を下る。他の痴聖人《ちせいじん》を雇って、雪を担って共に井を塡む

徳雲というのは、中国の妙峰山で住職をしていた僧のことです。そして閑古錐とは、使い古された錐《きり》。先も丸くなり役にたたないもの、人からも忘れ去られた存在。転じて人にも知られず枯淡《こたん》に生きた禅者のことです。

痴聖人というのも、愚直に徹した聖人をいいます。つまり厳しい修行をたどり高い悟りの境地に達する。しかしそこにとどまらず再びこの俗世間の中に下って来て、仲間と共に雪を担って、井戸を塡めているということ。

古井戸に雪を入れても、その水は増えない。まさに骨折り損のくたびれもうけ。常識人から見れば、なんと愚かな行いかと思うでしょう。しかしこんな声をものともせず、ひたすらにわきめをふらず、黙々と努力し続けるのです。現実から遠く離れたことを、絶対不可能と逃げることなく、行ずることによって一歩でも近づいていくと信じてやり続けるの

です。これを菩薩《ぼさつ》の行《ぎょう》と、われわれはいうのです。

世界平和を声高に訴えても、いつになっても戦争は終わりません。国内でも毎日毎日、痛ましい事件が起き続けています。しかし黙ってしまっては、人間が人間ではなくなってしまいます。

インド、ネパール、チベットを自らの脚で歩き、貴重な仏典を日本に持ち帰った河口慧《かわぐちえ》海《かい》老師という方がおられます。

明治の頃、国交がない国にまさに命をかけて渡られた。当時は大げさではなく、他国人だと知れたらどんな目にあうかわからなかった。だから向こうの言葉を憶え、向こうの人になりすまして入国したのです。そうして持ち帰られた文献は、近代仏教に多大な恩恵をもたらしたのです。

そのなかにある文章です。

この地上を全部牛の皮で覆うならば、自由にどこでもハダシで歩けるが、それは不可能である。しかし自分の足に七寸のクツをはけば、世界中を皮で覆うたと同じことである。

つまりこの世界を理想の国（極楽）にすることは、おそらく不可能であろうといっているのです。しかしそれでも自分の心に菩提心《ぼだいしん》を起こすことができれば、人類のために自分の命を捧《ささ》げようと誓《ちか》うならば、世界中の人々と自分とは別物ではないという智慧と慈悲を自覚することができれば、それはまさに今ここに極楽が出現したにひとしい、ということをいっているのです。

活動がなければ、ものは動かないのです。まず一歩があり、継続していくなかから結果が生まれてくるのです。

お釈迦様の話で、私が好きなものがあります。

布教で国々を旅している途中、ある地方である農家の人に出会います。弟子たちを引きつれたお釈迦様は、この農家の人に少々でもいい、何か食べ物を分け与えてくれないかと頼みます。

しかしその人は、それを拒否し、なにも建設的なことをしない者に、与える物はないといいます。

その言葉を聞いた弟子は、ムッとして何かいいそうになります。そのときお釈迦様は、この弟子たちをなだめ静かに諭《さと》すようにいいます。

我もまた田を耕《たがや》す

人間にとって最も大切な心という田んぼを我々は耕しているのだと。袈裟《けさ》という僧侶の着る衣装があります。そのデザインはお釈迦様が考え田んぼとあぜ道をかたどっています。これを着て、仏弟子は自らを戒《いまし》めよということなのです。

田中良雄《たなかよしお》という方の「私の願い」という詩があります。

一隅を照らすもので　私はありたい
私の受けもつ一隅が
どんなにちいさい　みじめな
はかないものであっても
悪びれず　ひるまず

いつもほのかに
照らして行きたい

「**雪を担って井を塡む**」くじけるときがあってもいい。
でもこの言葉を信じ、死ぬまで歩んでいきたいと思っています。

著者略歴

一九六一年、東京都青梅市に生まれる。一二歳で京都大徳寺大仙院住職尾関宗園師に就き得度。一九八三年、二松学舎大学文学部卒業。一〇年間の小僧生活、一〇年間の大徳寺僧堂での雲水修行を経て、東京・渋谷区広尾の臨済宗大徳寺派香林院住職となる。

宗会議員、保護司、教誨師などを務めるほか、ＫＨＫ大河ドラマ「功名が辻」「風林火山」などの仏事監修・指導や各種講演活動も行っている。

著書には『一休さんの長寿禅入門』（さくら舎）、『禅語　ちょっといい話』（芙蓉書房出版）、『禅の心で生きる』（ＰＨＰ研究所）、『寺子屋「般若心経」』（三笠書房）、『心と体を整える朝坐禅』（大和書房）、『いい人生をつくるはじめての禅のことば』（あさ出版）などがある。

貧《まず》しく辛《つら》いさきに真理《しんり》がある
——本当《ほんとう》の禅的《ぜんてき》生き方《かた》

二〇一七年一〇月一一日　第一刷発行

著者　金嶽宗信《かねたけそうしん》

発行者　古屋信吾

発行所　株式会社さくら舎　http://www.sakurasha.com

東京都千代田区富士見一-二-一一　〒一〇二-〇〇七一

電話　営業　〇三-五二一一-六五三三　ＦＡＸ　〇三-五二一一-六四八一

編集　〇三-五二一一-六四八〇　振替　〇〇一九〇-八-四〇二〇六〇

装丁　長久雅行

写真　©500px/amanaimages

印刷・製本　中央精版印刷株式会社

ISBN978-4-86581-121-6